A FEITIÇARIA

Coleção Cultura Contemporânea

Textos modernos sobre assuntos de interesse para o leitor de hoje. No conjunto, uma verdadeira enciclopédia ao dispor do estudante, do estudioso e do autodidata.

Jean Palou

A Feitiçaria

Tradução:
Maria Julia Goldwasser

Jorge Zahar Editor
Rio de Janeiro

Título original: *La Sorcellerie*

Tradução autorizada da sétima edição francesa publicada em 1985 por Presses Universitaires de France, de Paris, França, na coleção "Que sais-je?"

Jorge Zahar Editor Ltda.
rua México 31 sobreloja
20031 Rio de Janeiro, RJ

Produção editorial *Revisão*: Carlos Alberto Medeiros (copy); Carlos de Carvalho, Glória Nunes, Nair Dametto (tip.); *Diagramação*: Celso Bivar; *Capa*: Gilvan Francisco da Silva; *Composição* e *Impressão*: Tavares e Tristão Gráfica e Editora de Livros Ltda.

ISBN: 85-7110-028-4

SUMÁRIO

INTRODUÇÃO

A feitiçaria, diferente da magia no sentido de não ser uma ciência e por isso mesmo afetar apenas as mentalidades primitivas, foi um dos flagelos dos séculos passados. Suas origens mergulham nas trevas antigas. A tríplice Bombo, evocada pelos feiticeiros da Tessália, junta-se às fadas adoradas pelos camponeses inquietos do Grande Século. A feitiçaria é uma imploração constante, no mundo ocidental, aos resquícios dos deuses do paganismo. É também um protesto conseqüente contra as religiões dominantes: o catolicismo ou a religião da Reforma. Ainda hoje, entre os primitivos, a feitiçaria afirma-se, clara ou clandestinamente, diante das religiões exportadas pelo Ocidente. E significa muito mais ainda! Pretendemos aqui sustentar, por meio de múltiplos exemplos, uma tese que, até onde temos conhecimento, jamais foi levantada. *A feitiçaria é filha da miséria. É a esperança dos revoltados. É o fruto da revolta amaldiçoado pela Igreja e pelo Poder.* A feitiçaria eclode sempre em países conturbados por guerras civis ou externas, por catástrofes naturais ou por medos seculares, engendrados em tempos antigos, que renascem de suas cinzas. Reflexo dos costumes, a feitiçaria é o aspecto mais acentuado dos temores e dos ódios. O homem, trêmulo diante das forças da natureza, procura dominá-las e utilizá-las. Ele conjura o mal; e, segundo as necessidades, o usará em relação ao próximo, seja por ódio ou... por amor. *Assim nasce o complexo do feiticeiro.* Que proporção de ilusão ou de sonho entra nesse fenômeno? É muito difícil estabelecê-lo. Qual o denominador comum entre a feiticeira frustrada dos campos medievais e o poderoso senhor Gilles de Rais senão a inveja, o temor e a inclinação para o Mal? E entre os camponeses suecos ou alemães do século XVII, assolados por doenças e guerras, e as feiticeiras do caso dos venenos, devotadas por ganância aos desejos insaciados dos grandes da corte de Luís XIV? *Mais uma vez, a diferença é social. A feitiçaria é, em si mesma e em seus efeitos, apenas um aspecto das crises sociais. Não fora por isso, seria considerada apenas um fenômeno ridículo, no máximo um pretexto literário ou artístico.* Mas a realidade da feitiçaria afirma-se de maneira espantosa no castigo dos feiticeiros. Fogueiras cobriram a Europa e processos incontáveis empilham-se nos arquivos. *O mundo judiciário — eclesiástico ou leigo — acreditou, desenvolveu a feitiçaria.* Se ela não tivesse existido, os homens a teriam inventado devido a seus medos e crueldades inerentes. Diante das ilusões, eles não souberam senão torturar, *alheios às reformas sociais.* Diante dos ódios acumulados contra eles, não souberam senão responder pela morte, e não pela caridade consciente da profundidade da doença. O historiador que se debruça sobre esses montes de peças judiciárias loucas, essas torturas e suplícios, só pode horrorizar-se retrospectivamente.

Retrospectivamente significa muito. Poderão os medos contemporâneos tomar outra forma de perseguição? As crises sociais atuais engendrarão novas ilusões fomentadoras de ódio e inventoras de suplícios? Haverá uma metamorfose do diabo e novas fogueiras?

Feitiçaria não é senão uma palavra com que os homens rotulam o inimigo espiritual ou o inimigo de maneira geral.

Feiticeiros e feiticeiras são apenas vítimas designadas pela adversidade social.

Razão, onde está tua vitória neste mundo de medos e rancores, onde a Luz não aparece senão como lampejos cortando a Noite?

Parte I

A FEITIÇARIA

capítulo I

NASCIMENTO DA FEITIÇARIA

Feitiçaria e Magia

Inicialmente é preciso fazer uma distinção entre as noções de magia e feitiçaria. A magia é a arte de comandar as forças do mal; a feitiçaria, a de tentar comandar as mesmas forças. O mago é um iniciado nos grandes mistérios, enquanto o feiticeiro conhece apenas os pequenos mistérios. O mago é um mestre; o feiticeiro é um aprendiz que freqüentemente desencadeia forças que — como se diz — ele mal conhece e não pode em seguida dominar. Um detém o conhecimento real das fórmulas, o outro, a sua vulgarização. E ainda há mais. A partir da Idade Média, o mago se tornou citadino; o feiticeiro, vilarino. O mago freqüentemente adere a uma heresia nova; o feiticeiro, por meio de suas práticas, perpetua a tradição de antigas religiões mortas: cultos druídicos ou pagãos. O mago é, de certo modo, um homem de ciência; o feiticeiro, um atrasado social. O mago, aos olhos dos crentes, arrisca apenas sua alma, visto que é protegido pelos grandes da corte onde vive, e que o consultam. O feiticeiro, por outro lado, arrisca sua alma e sua vida, pois é apenas um camponês sobre o qual se vêm acumular os rancores e cobiças de seus companheiros de miséria. No século XVII, na Normandia, os camponeses faziam uma distinção interessante entre "Grande" e "Pequeno Feiticeiro", o primeiro termo designando o Mago, o segundo denotando o pastor curandeiro e bruxo. É evidente que, na mentalidade camponesa, o termo mago jamais foi empregado em seu sentido pleno.

Origens da Feitiçaria

Os textos antigos falam sobretudo de magos, pois citam fatos relativos apenas a habitantes urbanos. Em 1589 apareceu pela primeira vez o termo "feiticeiro", relacionado aos campos. É bem provável que a feitiçaria tenha tido duas origens. Uma seria a transmissão, por via da tradição oral, de velhas religiões da Antigüidade que se curvaram diante da propagação do cristianismo, mas que este jamais conseguiu eliminar totalmente. Assim, em face da religião dominante celebrada abertamente, manteve-se através dos tempos um culto recôndito às divindades vencidas. Havia nisso uma revolta religiosa. Os lugares de encontro dos feiticeiros, como veremos mais adiante, acham-se sempre próximos a monumentos megalíticos ou ruínas romanas. O diabo e seus acólitos substituíram os faunos e os sátiros. Os próprios dias de sabá são freqüentemente a quarta-feira e a sexta-feira. * Maurice Garçon assinalou justamente que um certo número de sabás evocava os *"ludi compitales"*, enquanto outros lembravam as bacanais. O culto fálico prestado ao Grande Bode Negro não seria uma ressurreição dos festejos de Príapo? Acreditamos que representavam não somente a continuidade de uma tradição pagã, sobretudo com o passar dos tempos, mas também uma contrafação satírica da liturgia católica, ironia suprema e inconsciente de seguidores de religiões desaparecidas, diante da religião dominante. Ao mesmo tempo, tratava-se de uma revolta social. O sabá é paródia do catolicismo e invocação aos deuses mortos. É igualmente caricatura dos usos sociais

---

* Por referência às divindades greco-romanas: quarta-feira, em francês *mercredi*, aludindo a Mercúrio; e sexta-feira, em francês *vendredi*, aludindo a Vênus. (N. da T.)

(por exemplo, o rito de adoração) e apelo às forças do mal para encontrar enfim a felicidade na Terra.

O Postulado de Michelet: Feiticeiro ou Feiticeira? Mago ou Feiticeira?

"Para um feiticeiro, 10 mil feiticeiras", escrevia Jules Michelet. O fato é exato e se explica pelo menos por duas razões. Uma é de ordem biológica e estabelece que a mulher é um ser mais sensível às diversas influências. "A mulher 12 vezes ferida", dizia o mesmo Michelet. Devemos refletir muito sobre a importância da feitiçaria sexual, que emprega freqüentemente em seus ingredientes os fluidos menstruais ou a placenta, e veremos afirmar-se o papel da mulher, que as tradições judaicas consideram impura e os teólogos, pensando em Eva, tomavam como um agente do demônio. A segunda razão é que, nos lares camponeses, a mulher é infinitamente mais infeliz que o homem. Fatigada pelos partos, desempenha todas as tarefas árduas, é freqüentemente brutalizada e, na tormenta das guerras, sobre ela é que se abatem implacavelmente os soldados mercenários. Como são compreensíveis suas inquietudes, suas dores, seus dramas e também sua sexualidade palpitante. Ela entrega-se ao diabo com mais facilidade do que o homem porque é mais sensível e mais infeliz. As perturbações biológicas fazem dela uma delirante pronta a todas as extravagâncias da imaginação; e a tortura submete mais rapidamente o seu corpo que o de seu marido. O fogo virá enfim liberá-la de todas as penas por ela sofridas. Há poucas magas, pois a ciência é reservada aos homens.

Sacerdotisa de uma religião pagã desaparecida,[1] adivinha, bruxa e, portanto, criminosa, a feiticeira é vítima de suas su-

---

1 *Feiticeira, filha de druidesa,* expressão que o falecido marquês de Villaines, que foi castelão e prefeito de Sainte-Sévère-sur-Indre, usou

perstições religiosas, de seus rancores sociais e de seus desesperos revoltados. É preciso notar que o feiticeiro é freqüentemente apenas o companheiro da feiticeira, denunciado por ela a seus próprios juízes e verdugos, sem dúvida por rancor, despeito ou mesmo amor, no desejo louco de morrer junto com ele na mesma fogueira. Não há uma figura notável de feiticeiro na História da feitiçaria, mas que grandes feiticeiras! Talvez a razão também seja porque o consulente confesse mais facilmente seus desejos, mágoas ou vergonhas a uma mulher do que a um homem. No século XVII, a Voisin possuía um número incomparavelmente maior de clientes que seu confrade, o pastor-feiticeiro normando Lesage, ou que o Pai dos Segredos, Gabriel Girar, apesar de ser este padre em sua localidade e habituado às confissões.

A feiticeira é o receptáculo vivo de todos os pecados e de todas as revoltas. Daí se compreende que a tenham condenado, tanto esses monges castos, escandalizados com a sua nudez, onde procuravam a marca de seu senhor, o diabo, como esses juízes seculares sem piedade pela serva rebelde às suas Leis!...

---

para designar uma mulher que, quando ele era criança, morava em uma casa junto à ponte Tracat, nos confins da vila de Sainte-Sévère. Essa expressão muito o impressionou.

Foi no decorrer de uma entrevista com Villaines, em Paris, em 1959, da qual participaram meu marido Jean Palou e eu mesma, que Villaines se serviu dessa expressão. Ela demonstra bem a *transmissão residual* na passagem do vocábulo *druidesa* a *feiticeira;* e isso já na segunda metade do século XX, em plena região dos celtas-bitúrigos, onde ainda se encontram muitos toponímicos celtas.

Os camponeses, vindos à feira de Sainte-Sévère, naquela mesma época (isto me foi inúmeras vezes confirmado, e pelo próprio marquês de Villaines, a quem fiz a mesma pergunta), quando passavam com seu gado diante dessa casa, faziam com a mão o gesto de exorcismo (indicador e anular apontados para diante), dizendo: "Feiticeira, te exconjuro." (C.P.)

A Feitiçaria nas Áreas Rurais

Charles Lancelin, em sua importante obra *La Sorcellerie des Campagnes,* A feitiçaria no campo (Paris, s. d., Durville), escreveu: "Por sua própria essência, a feitiçaria, cuja base natural é a ignorância ambiente, não pode evoluir senão dentro de um meio pouco esclarecido: a população rural. Não é na cidade que se encontra o verdadeiro feiticeiro, é nos campos (. . .)" (pp. 48-9). O feiticeiro é, se assim se pode dizer, ou hereditário, passando de geração em geração a posse de seus supostos poderes, ou iniciado por um outro feiticeiro ou por escritos secretos de feitiçaria. No primeiro caso, trata-se de feitiçaria operatória e que pode às vezes ser efetiva; no segundo, de feitiçaria cerimonial, cuja eficácia é freqüentemente virtual.

Um rito bem-conhecido da feitiçaria rude denomina-se "as guardas", isto é, ritos de proteção contra os lobos (não se deve esquecer que, até recentemente, o lobo, animal feroz, foi um dos flagelos dos campos). Eis aqui dois ritos extraídos do *Le Grimoire du pape Honorius* [Livro do papa Honório]. A primeira fórmula liga-se à magia branca e é extremamente conhecida: "Bestas de lã, eu vos tomo em nome de Deus e da Santa Sagrada Virgem Maria. Imploro a Deus para que a sangria que vou fazer cumpra e beneficie a minha vontade. Eu te conjuro a caçar e quebrar todos os sortilégios e feitiços que puderem ser passados para o corpo de meu rebanho vivo de bestas de lã aqui presentes, diante de Deus e diante de mim, e que estão sob meu encargo e proteção. Em nome do Pai, do Filho, do Espírito Santo e de São João Batista e de Santo Abraão." A segunda é extraída do acervo da magia negra: "Astarin, Astarot que és Bahol, eu deixo meu gado sob teu cuidado e proteção; e em paga eu te darei uma besta branca ou negra, à minha escolha. Eu te conjuro, Satarin, para que me protejas em toda parte nestes jardins dizendo Hurlupapin." Não esqueçamos que, muito freqüentemente, o feiticeiro é também pastor. Ele utiliza "encomendas," isto é, sortilégios contra os rebanhos de seus inimigos. Às vezes é curandeiro, mas isso não importa para o nosso objetivo. Amiúde o feiticeiro pode transformar-se em lobisomem. Essa é uma prática conhecida em todas as eras e latitudes. Acreditava-se nela, de modo geral, até o reinado de Luís XIV. Michelet conta a história, segundo Boguet (*Discurso dos feiticeiros*), de um senhor de Auvergne que, atacado por um lobo, cortou-lhe a pata e guardou-a no bolso. Qual não foi, porém, a sua surpresa ao chegar em casa e encontrar sua mulher com o braço enrolado em lençóis ensangüentados. Naturalmente tirou do bolso a pata do lobo, mas em vez dela encontrou a mão da própria esposa. Não teria fim uma lista de todos os poderes dos feiticeiros, ou dos que a ingenuidade popular lhes empresta. Como um profano reconhece um feiticeiro? Os sinais distintivos variam de um país a outro e mesmo de uma província a outra. Um defeito físico (olhos vermelhos e lacrimejantes, manchas de vinho, olhar perturbado) é freqüentemente um dos critérios mais empregados. Quanto à idade, feiticeiros e feiticeiras são geralmente de idade madura, e até velhos. Mais interessante é identificar as categorias sociais onde mais se encontram os adeptos da feitiçaria. Nas profissões de maior freqüência, vêm os pastores (em toda parte, mas sobretudo na Normandia); em seguida os mestres-ferreiros, que trabalham em meio às flamas da forja, o que, para os simples, evoca o inferno; os alfaiates, sobretudo na Bretanha, freqüentemente inválidos e por isso acusados de feitiçaria; os sapateiros, pela mesma razão; os cordoeiros porque fornecem às forcas as "cordas de enforcado"; os lenhadores que vivem na floresta misteriosa; os caixeiros-viajantes porque conhecem grande número de países; os caçadores de toupeiras em razão dos segredos que utilizam para exterminar os animais nocivos. Uma classe social freqüentemente acusada, outrora, de feitiçaria era a dos antigos seminaristas que, por motivos de todas as ordens, tivessem desistido dos votos bem antes da ordenação. A malignidade popular via em sua não-vocação religiosa um sinal do diabo. Feiticeiras eram as parteiras, as enfermeiras e as carpideiras.

O camponês, a quem os segredos não tivessem sido transmitidos por filiação, procurava iniciar-se compulsando os livros escritos que lhe permitiriam assinar um pacto com o demônio e praticar todos os poderes da feitiçaria. No século XVII, os dois principais livros são *La clavicule de Salomon* [A clavícula de Salomão] e *Le Grimoire du pape Honorius* [O livro do papa Honório]. Um livro de encantações do tempo de Vespasiano já levava o nome da primeira obra. Esse livro, mencionado no século XI pelo grego Michel Psellus, passou de Bizâncio para o Ocidente no século XIII, sendo modificado pelo papa Honório III, segundo a tradição legendária. Os livros de feitiçaria do século XVII não seriam, portanto, senão cópias dos dois textos primitivos. Ali se encontra "uma enumeração das qualidades requeridas aos que trabalham e à sua ajuda (. . .) uma descrição das vestimentas e calçados necessários, do cutelo, da agulha ou buril, do anel, do cetro, do fogo, da água benta, das luzes, dos perfumes, do pergaminho virgem e da pluma, da tinta e do sangue para escrever por cima, todos esses instrumentos sendo indispensáveis ao trabalho, pois a evocação de um demônio não é absolutamente uma coisa tão fácil como certos amadores curiosos e ociosos poderiam imaginar" (Grillot de Givry). O livro informa também os diferentes círculos próprios às operações mágicas (pentáculos). Entre 1820 e 1850, os ambulantes difundiram pela área rural um certo número de pequenos volumes sobre feitiçaria prática mais ou menos extraídos dos livros antigos. Trata-se sobretudo do *Dragão vermelho ou a arte de comandar os espíritos celestes, aéreos, terrestres, infernais* e do *Grande* e do *Pequeno Alberto*. Trata-se evidentemente de uma feitiçaria muito baixa, onde se podem ler tolices do tipo: "Para fazer as moças dançarem desnudas", "Para virar uma charrete de feno". *O Pequeno Dragão Vermelho*, cópia moderna das *Clavículas*, ensina um método de invocação e pacto a se realizar com o demônio: "Imperador Lúcifer, senhor de todos os espíritos rebeldes, eu te peço que me sejas favorável no apelo que faço a teu grande ministro, Lucífugo Rafacale, tendo vontade de fazer um pacto com ele; eu te peço, assim, príncipe Belzebu, para me proteger em meu intento. Ó conde Astaroth! sê-me propício e faz com que o grande Lúcifer me apareça esta noite sob forma humana, e sem qualquer mau odor, e que me conceda, através do pacto que lhe vou apresentar, todas as riquezas de que tenho necessidade. Ó grande Lucífugo! Peço-te para deixar tua casa, em qualquer lugar do mundo em que ela esteja, para vir falar-me, senão eu te obrigarei pela força das poderosas palavras da Clavícula de Salomão, e das quais ele se serviu para obrigar os espíritos rebeldes a aceitar seu pacto. Assim, aparece logo ou continuarei a te atormentar incessantemente por meio das poderosas palavras da Clavícula." É curioso constatar, ao mesmo tempo, o uso respeitoso de antigos títulos de nobreza dados ao demônio, juntamente com as promessas de tormentos que se ameaça inflingir-lhe caso negue o pedido do feiticeiro. Encontram-se as mesmas fórmulas ameaçadoras na feitiçaria oriental. A resposta do demônio é, ainda segundo o livro: "Só posso fazer o que me pedes na condição de *me dares o teu corpo dentro de vinte anos,* para eu fazer o que me aprouver do teu corpo e da tua alma. Então, tu lhe apresentarás o teu pacto, que deve ser escrito pela tua própria mão, sobre um pedaço de pergaminho virgem, consistindo nestas poucas palavras adiante, e o assinarás com teu sangue verdadeiro.

Pacto

"Eu prometo ao grande Lucífugo recompensá-lo, dentro de vinte anos, por tudo que ele me der. Em cuja fé, assino." O feiticeiro renunciava igualmente a Deus, à Virgem e aos Santos. Um único pacto escrito chegou até nossos dias: foi aquele assinado por Urbain Grandier em Loudun no século XVII (Bibliothèque Nationale: Fonds Français, ms. 7616, p. 126).

O sentimento popular reprovava nos feiticeiros e feiticeiras um grande número de malefícios, que Jean Bodin especificou em sua *Demonomania* no século XVI: lesa-majestade divina, blasfêmia, homenagem ao diabo, entrega ao diabo de crianças nascidas ou por nascer, sacrifício das ditas crianças ao diabo, sua consagração ao diabo desde o ventre da mãe, sermão de propaganda satânica, sermão proferido em nome do diabo e em sua honra, incesto, homicídio visando obter carne e órgãos humanos necessários à preparação das encantações, antropofagia no sabá, uso de venenos e filtros, feitiços lançados contra o gado, feitiços lançados contra a terra e as colheitas para torná-las estéreis, coito com o demônio (este último crime coloca a delicada questão do incubato e do sucubato que, após Santo Tomás de Aquino, todos os teólogos e demonólogos reconheceram como verdadeira).

Um dado impressionante para os estudiosos da feitiçaria é constatar a permanência dos crimes atribuídos a seus adeptos e a extensão do flagelo a todos os países, tanto europeus como extra-europeus. O que estarrece é a acumulação de tantas tolices assacadas não somente por grande número de pessoas frustradas, mas ainda por personalidades de alta posição: juízes, tanto laicos quanto eclesiásticos. Causa espanto a dureza das penalidades que se abatem sobre os feiticeiros ao longo dos tempos. Fica-se confuso diante de tamanhos castigos, punindo impiedosamente esses erros dos sentidos ou do pensamento. Uma questão ocorre então ao espírito: que teria arrastado para essas aberrações tantas mulheres e tantos homens? A loucura não pode ser a única razão, como tampouco a perpetuação de um culto abolido. É preciso, então, considerar a feitiçaria como expressão mental de um aspecto social particular, e que não é outro senão a miséria geratriz de sofrimentos e desesperos. O homem, cansado de ter implorado em vão aos céus, dirige-se ao inferno. Mas isso só podia produzir-se em uma época de fé muito viva e de desordens econômicas. Desse ponto de vista, o século XVI é sem dúvida o mais impressionante testemunho. É esse ângulo da feitiçaria considerada como fenômeno sociológico que iremos em seguida examinar.

capítulo II

MISÉRIA E FEITIÇARIA

Observa-se uma constante nos incontáveis casos de feitiçaria desde a Idade Média até o fim do século XVII. Toda vez que determinado país sofre infelicidades econômicas ou sociais, surgem então ondas de feitiçaria. Segue-se a repressão, atroz, agravando a miséria ambiente. Poderíamos contar centenas de exemplos desse processo, demonstrando profundamente a correlação entre fatos políticos (guerras civis ou invasões inimigas), econômicos (pestes, epizootias, escassez, etc.) e os fenômenos de feitiçaria. Acredito que somente Michelet tenha percebido essa relação em sua curiosa obra *La Sorcière* [A feiticeira], mas ele não a desenvolveu, visto que em sua época havia escasso interesse pela história econômica e social. Na Idade Média, a misteriosa Cruzada das Pastorinhas é uma mistura de sangrenta insurreição camponesa e de feitiçaria, levando milhares de jovens e crianças do centro da França para Bourges. Junto com os revoltados, morreram três feiticeiros de Berry. A Peste Negra de 1348 provocou uma onda de feitiçaria na Alta Provença, particularmente em Queyras, onde o sabá era celebrado na charneca de Pra-Patris. A vila de Arvieu adquiriu nessa época tamanha reputação de feitiçaria que se subdividiu em dois clãs, ainda existentes: Renom e Belle, sendo este último o dos feiticeiros. Deve-se assinalar que todas as feiticeiras de Queyras tinham o nome de Marguerite. Na Flandres, no século XV, eclode a heresia de Arras, em uma época de incertezas políticas que causou centenas de vítimas: prostitutas, mercadores, menestréis, homens e mulheres de condição média ou inferior. Nesse ponto, o magistrado Jehan de Taincture de Tournai não erra absolutamente: ele assimila feiticeiros e feiticeiras aos rebeldes sociais em seu grande sermão de 1460 (cf. Cap. IV, Segunda Parte, "A Feitiçaria na Idade Média"). Em Arras, a perseguição foi suspensa por ordem do duque de Borgonha, Filipe o Bom, preocupado em salvaguardar os interesses econômicos da província (onde já não se ousava mais emprestar dinheiro a pessoas que, de um dia para outro, poderiam ser levadas para a prisão ou para a fogueira; a dívida morria). As perseguições foram suspensas sobretudo depois que se começou a perseguir pessoas importantes ou de alta posição: nobres, almotacéis ou até um grande comerciante de madeira que o próprio processo qualifica como "devorador de pobres".

As Guerras Religiosas fazem do século XVI uma época terrível de processos de feitiçaria por toda a Europa, especialmente na Alemanha e na França. A Lorena é particularmente afetada entre 1580 e 1633, correspondendo esta última data ao início da Guerra dos Trinta Anos e à invasão francesa do Ducado de Lorena. Na Normandia, a revolta camponesa de 1639, chamada Va-nus-pieds, em razão da alcunha de seu chefe Jean Va-nus-pieds [De-pés-descalços], foi acompanhada de uma vaga de perseguições por sortilégios, especialmente dirigida contra os pastores, indivíduos itinerantes por profissão e portanto portadores de mensagens, rumores e idéias de subversão social (bailio de Londinères). Eram chamados "pequenos feiticeiros" (nome já empregado na heresia de Arras), pois se dedicavam apenas a pequenos sabás onde não figurava o diabo. A revolta de Boulonnais (1661), chefiada por um indivíduo chamado Lustucru (eclodindo em época de escassez, deu origem a uma canção popular infantil muito conhecida, reflexo da fome), teve repercussões curiosas em Cotentin (caso de Méautis, 1661-1672), onde se viam certos acusados declararem como nome de guerra nas reuniões sabáticas noturnas o de Lustucru, famoso chefe dos camponeses revoltados. Em 1628, a Comté foi varrida sem cessar por homens em armas, brutais e saqueadores; a fome lá reinava e os camponeses, por ela dominados, erravam em bandos de povoado em povoado. Entre 1628 e 1630, surgem ali processos visando a reprimir uma onda de feitiçaria. Do mesmo modo, nas terras abaciais de Luxeuil, o desenvolvimento da feitiçaria corresponde, como no século XVI, à vitória política dos senhores-abades sobre os burgueses e ao agravamento da servidão de mão-morta "particularmente rigorosa: a mais dura de que jamais se teve conhecimento em nossas regiões a leste". [1] O caso da região de Labourd, em território basco (1609), é conseqüência das guerras religiosas e dos flagelos naturais que dizimaram os pomares de maçã daquela região. As maçãs desempenham, portanto, um certo papel no caso. [2] Os magistrados de Bordéus mandaram executar quase 500 pessoas. Parece que as perseguições foram interrompidas quando se prenderam padres suspeitos de serem feiticeiros, tendo o bispo reagido de maneira bem vigorosa. Mas o caso mais curioso é, sem dúvida, o da Suécia. Ali não ocorreu senão um único e grande processo de feitiçaria, no ano de 1670, em Dalécarlie, região de vegetação densa e poucas estradas, onde freqüentemente se perdiam as crianças. Por essa época, a servidão, pouco difundida, tendia a crescer e uma violenta chuva de granizo veio a danificar as colheitas, ao mesmo tempo em que enfermidades infantis grassavam por todo o país. Os feiticeiros foram responsabilizados por isso e o sabá que eles descreveram contém um fato único nos anais da feitiçaria, reflexo evidente da atmosfera de doenças: o diabo doente faz com que lhe apliquem ventosas. Mulheres e crianças de Dalécarlie, em número de 85, arderam nas fogueiras. Na Rússia, os processos de feitiçaria só se tornam de fato numerosos ao final do século XVI, isto é, após o Usase de 21 de novembro de 1597, que concede aos proprietários de

---

1 F. Bavoux, *Hantises et diableries dans la terre abbatiale de Luxeuil*, prefaciado por L. Febvre, 1956, e resenhado por J. Palou na *Revue d'Histoire Moderne*, 1957.

2 Cf. P. de Lancre e Capítulo V da Segunda Parte: "A Feitiçaria no Século XVI".

terras direitos abusivos sobre os camponeses (durante a Idade Média, o camponês é livre na Rússia). Poderíamos continuar infindavelmente e citar também a chuva de granizo na Borgonha, em 1644, pela qual os feiticeiros foram considerados responsáveis e massacrados pela multidão; ou ainda uma mulher chamada Gantière, queimada em Paris no ano de 1582 por ter obtido do demônio o pagamento de seus pesados impostos. A miséria engendra a feitiçaria, vale dizer, sugere o supremo apelo ao diabo, pois que Deus não responde mais às suas criaturas inquietas. Crises sociais coletivas ou simples angústias pessoais: "Essa feiticeira acaba de perder o seu gado ou os seus cereais, aquela outra fica arruinada devido às guerras (...) ou então atravessa grande necessidade (...) a morte de um marido (...) a carestia da vida (...) ou, muito simplesmente, a tristeza (...)."[3] A mulher ou o homem procura um consolo que não encontra mais na igreja. Dirige-se àquele que as feiticeiras alemãs chamavam "Proscrito" ou, melhor ainda, "o grande servo revoltado". *"Conhece-se o diabo pela cauda"*, velha expressão já empregada no século XIV.

Resta-nos esboçar um breve estudo sobre o sabá enquanto reflexo social de uma ou de várias épocas, pois os feiticeiros interrogados variam em suas declarações, segundo as regiões ou as épocas, marcando bem o caráter evolutivo da vida social transposta para o modo demoníaco. Quando os servidores do diabo sentam-se ao lado de seu Senhor, este lhes designa um lugar particular. Na Idade Média o diabo não estabelece diferença alguma entre nobres e camponios. A partir do século XVI, ao contrário, ele marca uma distinção entre as diversas classes da sociedade, sem dúvida porque a noção de classes sociais progressivamente se afirma. É pelo menos o que nos ensinam, nos seus processos, os acusados de camadas inferiores, aliás profundamente contritos. Se no século XIV o diabo, como verdadeiro

---

[3] P. Villette, *La Sorcellerie dans le Nord de la France du XV.e siècle à la fin du XVII.e siècle*, Lille, 1956.

senhor feudal, recebe dos feiticeiros os direitos sobre a colheita, ele se torna mais sensível aos presentes em dinheiro do que aos presentes *in natura* a partir do século XVI, reflexo evidente da realidade social, demonstrando bem o poder crescente do dinheiro. Além disso, pela mesma época, enquanto se afirma o sentido jurídico, os feiticeiros mantêm registros de suas assembléias sabáticas (pelo menos assim afirmam) e o diabo possui banqueiros ("A Feitiçaria no Século XVI", Segunda Parte, Cap. V). O diabo impõe igualmente a seus vassalos o direito de corvéia. As crianças feiticeiras apascentam rebanhos de sapos sobre as terras em repouso dos sabás. Suserano, o diabo faz os feiticeiros tocarem em sua mão e, assim, seus vassalos lhe rendem a homenagem feudal. Ou então o feiticeiro dá ao diabo um pedaço de seu corpo (carne, unhas ou pêlos), o que equivale à transferência de propriedade senhorial em uso. Nos processos de Labourd, mulheres sustentam passear no sabá com um sapo encarapitado no punho, versão da caça senhorial do falcão, que os camponeses vêem passar de longe, freqüentemente por cima de suas próprias colheitas. Comparece-se mascarado ao sabá, ou pelo menos as senhoras de alta condição, pelo fim do século XVI, quando a sociedade se refina. Esse detalhe deu nome a um lugar tradicional de sabá: Rue des Masques [rua das Máscaras]. (Guillestre, Altos Alpes); e Molière chama uma criança de "pequena máscara", isto é, "pequena feiticeira". Quanto à prostituição da feiticeira ao diabo, não se pode ver nisso uma homenagem de tipo muito peculiar ao senhor feudal, ao mesmo tempo que uma liberação, através do onirismo, da sensualidade recalcada da mulher? Mas feiticeiros e feiticeiras se comprazem, dentro de sua sociedade já constituída (fim do século XVI e século XVII), em criar laços jurídicos com o diabo em pessoa. Este último exige de suas esposas uma fidelidade absoluta, e o adultério é severamente punido no sabá por aquele que, na terra, tanto o encoraja nos outros. Expressão normal da mentalidade religiosa e social da feiticeira. Que se come no sabá? Segundo as declarações dos acusados, o caráter das comidas varia, podendo estas ser deliciosas ou ignóbeis, mas sem sal, dado o poder exorcizante desse condimento. Entretanto os valdenses de Arras, como também as feiticeiras flamengas do século XVII, relatam-nos que, durante a quaresma, comiam-se "arenques marinados". Curiosa reflexão: o diabo impõe a seus fiéis o jejum prescrito pela Igreja Católica. Simples observação de miseráveis acusados, obsedados pela fome e que traduzem assim seus desejos gastronômicos diante da magra ração cotidiana. E a maior confissão não seria, com a sua ingenuidade, a daquela feiticeira de Flandres, no século XVII, que, perguntada sobre o nome do diabo que a havia induzido à tentação, respondeu: "Faça o que quiser." Bela divisa a da abadia de Thélème adotada pelo tentador, belo símbolo libertário que, naqueles tempos antigos, certamente só podia ser diabólico.

A feitiçaria e sua terrível repressão desapareceram da Europa, e sobretudo da França, no início do século XVIII (ver Parte II, Capítulo VII). Já não havia então tanta fome. O sabá, conforme representado nas gravuras do século XVIII, é apenas muito ridículo. É uma paródia dos minuetos, aos quais se misturam algumas cenas de convulsão, semelhantes às do Cemitério de Saint-Médard. Os camponeses do século XVIII têm preocupações bem mais realistas do que seus ancestrais. Procuram a posse da terra e não mais qualquer vã promessa diabólica. O Senhor está freqüentemente em Versalhes, longe deles. Não lhe rendem mais homenagens do que ao diabo, seu espantalho. As novas idéias filosóficas abrem um caminho que não mais conduz à charneca do sabá, mas às assembléias dos bailios de 1789. A vassoura ritual não servirá mais de cavalgadura diabólica, mas varrerá a sociedade inteira. A feitiçaria diminui na França quando começa a esperança de dias melhores. Desenvolve-se na Rússia, no século XIX, quando se agravam as condições sociais. Desaparece da América do Norte quando os pioneiros da Nova Inglaterra partem em direção aos opulentos territórios do Oeste (ver Parte II, Cap. VI). Em toda parte, deixa de ser um culto quando o poder dos clérigos se enfraquece. E morre quando morrem as perseguições contra ela, em uma época pacificada em que os homens vivem melhor...

capítulo III

SEXUALIDADE E FEITIÇARIA

É bem evidente que o fenômeno da sexualidade se mescla com freqüência ao da feitiçaria. Não pode passar sem registro que há muito mais feiticeiras do que feiticeiros. Michelet já havia sublinhado: "Para um feiticeiro, 10 mil feiticeiras." A histeria pode, portanto, ter desempenhado um papel freqüentemente significativo nas visões demoníacas relatadas aos juízes pelos acusados. M. E. Delcambre escreve com razão: "A origem do mito das visões infernais que afetam as feiticeiras parece patológica, segundo todas as provas: em todas as épocas e latitudes, histéricas, obsedadas pela fobia do diabo, foram vítimas de alucinações demoníacas: tais perturbações mentais, recorrentes durante toda a vida do sujeito, devem, naturalmente, ter-se multiplicado em razão do choque psicológico resultante de seu encarceramento, de seu julgamento e sobretudo da experiência de tortura. Mas, se a patologia explica a existência de semelhantes crises alucinatórias, não dá conta, por si só, da forma assumida por esse gênero de aparições, imposta ao doente pela mentalidade do meio social onde ele vive."[1] Há, portanto, na confissão da feiticeira e na descrição de coisas por ela reportadas ao mesmo tempo o produto de sua histeria ou de sua visão onírica e a tradução do aspecto social para o modo de-

---

1 E. Delcambre, *Le Concept de la sorcellerie dans le Duché de Lorraine au XVI.e et au XVII.e siècles,* T. II, pp. 190-191, Nancy, 1949.

moníaco, certamente influenciada pela natureza das práticas judiciárias usadas contra a feiticeira. Visão onírica? O sabá, no fundo, nada mais é do que isso. Antes de sair para o sabá, a feiticeira não só fricciona o corpo com um ungüento como também engole uma certa droga. As que encontramos nos processos normandos contêm forte dose de beladona. Margaret Murray, em seu curioso livro *O deus das feiticeiras*, indica também o acônito, que "produz um ritmo cardíaco irregular, e a beladona, que provoca o delírio. No estado que precede o sono, a pulsão irregular do coração cria a sensação bem-conhecida de queda no vácuo; parece possível que a combinação de um delirifaciente, tal como a beladona, e de uma droga provocando um ritmo cardíaco irregular produza a sensação de vôo." [2] E não há dúvidas de que foi do sono provocado artificialmente que nasceram, no homem e na mulher, as visões extravagantes do sabá. Poder-se-ia dizer, conhecendo o contexto social do meio onde viviam os feiticeiros: "tanto estes como estas [as imagens do sonho] compensam, com seu encanto, as decepções de uma vida freqüentemente muito frustrante". [3] Todos sabemos, a partir dos trabalhos de Freud, que o mundo dos sonhos comporta uma parte bastante acentuada de sexualidade. O sabá, delírio onírico, seria evidentemente a transposição dos desejos carnais mais ou menos reprimidos no estado da véspera. A feiticeira vê dançar no sabá a pessoa a quem deseja, talvez mesmo inconscientemente. Suas confissões, suas denúncias, arrastam ao suplício, juntamente com ela mesma, essa vítima infeliz. De Lancre assim descreve o sabá: "(. . .) As mulheres aí aparecem nuas e descabeladas (. . .). Dançar indecentemente, banquetear-se ardentemente, copular diabolicamente, sodomizar execravelmente, blasfemar escandalosamente, vingar-se insidiosamente, perseguir todos os desejos, horríveis, sujos e desnaturados, brutalmente, cuidar de sapos, víboras, lagartos e toda

---

2 M. Murray, *op. cit.*, p. 106, Denoel, 1957.

3 J. Lhermitte, *Les Rêves,* Col. "Que sais-je?", n.º 24, p. 108.

espécie de peixes preciosamente, amar um bode fedorento ardentemente, acariciá-lo amorosamente, conviver e copular com ele horrível e impudentemente." Conforme observou com clareza R. Amadou: "[no sabá] imagens sexuais de uma força singular combinam-se com as sugestões da demonologia ambiente, da obsessão contemporânea do Diabo e de seu poder onisciente".[4]

A sexualidade encontra-se igualmente em certos ritos de feitiçaria — além da Missa Negra, que aliás pertence muito mais ao aparelho da magia —, e mais especialmente na preparação do filtro do amor e do ódio. Para o feitiço de amor, o feiticeiro emprega freqüentemente o sangue de animais reputados como ardentes: pombo, codorna, pardal, doninha, etc. Os cabelos também são utilizados como ingrediente para o amor, da mesma forma que a maçã, lembrança de Eva. Algumas fórmulas de conjuração amorosa chegaram aos nossos dias. Antes de ser colhida, a maçã será aspergida e perfumada com certos ungüentos e o feiticeiro recitará a seguinte fórmula encantatória: "Ó Deus, vós que fizestes Adão e Eva com os quatro elementos; da mesma forma que Eva se comunicou verdadeiramente com Adão e o fez pecar, da mesma forma, verdadeiramente, quem comer deste fruto faça sempre a minha vontade." Ou então esta: "Fique de pé diante do sol no dia de Vênus, entre em um pomar, colha ali a mais bela maçã, corte-a em quatro, retire o miolo e ponha no seu lugar um bilhete com os caracteres e nomes divinos; é preciso incrustrar no fruto, sob a casca levantada e depois rebaixada, palavras místicas. Com duas agulhas em cruz, atravesse o fruto dizendo: 'Não é a você que eu atravesso, mas que Asmodeu atravesse o coração daquele a quem amo.' Jogue tudo no fogo, resmungando: 'Não é a você que queimo, mas que Asmodeu acenda meu amor nessa mulher como queima esta maçã.' " La Brinvilliers, no Grande Século, fazia um padre proscrito escrever o nome das amantes sobre uma hóstia con-

---

4 *Amour et magie*, Crapouillot, p. 54.

sagrada, cuja farinha, depois da missa, era engolida pela amante infiel. Outrora o carmelita Ricordi, feiticeiro em Carcassone, fabricava as efígies das mulheres que desejava. Com sua saliva, seu sangue e o de sapos, umedecia essas efígies, dedicando-as a Satanás, e as colocava na soleira das casas onde as jovens moravam. À noite, Ricordi comparecia diante dessas casas e as belas vinham então jogar-se em seus braços. Para agradecer ao diabo por seus bons ofícios, o carmelita sacrificava-lhe uma borboleta...

Uma das práticas mais conhecidas relativas à sexualidade e à feitiçaria é tornar impotente por meio de feitiçaria, isto é, procedimentos "dos quais se serve o diabo para impedir o efeito do casamento".

Todas essas práticas nocivas às pessoas, afetando-as tanto no sacramento do matrimônio como nos sentimentos mais ternos, faziam das feiticeiras personagens não-confiáveis e suspeitas. Contra elas, e particularmente contra o feitiço sexual, tomava-se a precaução de colocar nos jardins bolas de vidro. Poder dos símbolos! Deve-se aos malefícios sexuais a duvidosa decoração de bolas de vidro que ornamenta os jardins de subúrbio na França?

Parte II

HISTÓRIA DA FEITIÇARIA

capítulo I

O SABÁ E OS DIFERENTES FENÔMENOS DA FEITIÇARIA

O Sabá

O sabá é a missa diabólica celebrada pelo padre demoníaco que é o feiticeiro.

A chamada para o sabá é sempre misteriosa. Ela percorre planícies e campos, vales e montanhas, e se introduz na choupana ou no solar. A saída faz-se principalmente às quartas ou às sextas-feiras. A feiticeira, nua diante do fogo, unta-se de ungüento e ingere um pó sabiamente dosado, no qual a beladona entra em forte quantidade. Ela se escarrancha por cima de um bastão, uma vassoura onde fibra alguma pode entrecruzar-se. É preciso seguramente evitar o sinal de Cristo. Os caminhos das feiticeiras são as chaminés dos casebres. Pelos ares, elas voam muito alto, em direção ao local fixado para o encontro demoníaco; e o camponês surpreso se persigna, estupidificado, quando vê passar o estranho cortejo, recortando sua sombra sobre o astro das noites. Aonde vão elas assim? Em Béarn, à praia de Hendaye, onde se erguiam, ainda há uns 100 anos, alguns monumentos megalíticos. Na Bretanha, à charneca de Carnac, repleta de menires. Em Queyras (Altos Alpes), ao matagal de Pra-Patris (o prado do Pai), bem próximo a uma pedra druídica. Em Auvergne, ao cume do Puy-de-Dôme, perto do templo de Mercúrio. Em Cotentin, à charneca de Méautis. Na Lorena, à Pierre D'Appel, na costa de Répy, antiga bacia de purificação celta. Na Alemanha, a Brocken, onde jazem os vestígios de um dólmen. E mais tarde, no século XVII, na Nova Inglaterra, às planícies desabitadas, eriçadas de restos rúnicos, testemunhas da gesta escandinava primitiva. Sempre e por toda parte, o sabá tinha lugar em meio a ruínas antigas. Era a consagração, nos tempos medievais e modernos, de um rito pagão que sobreviveu na Igreja Diabólica. Faunos e sátiros transformam-se em diabretes. Hécato torna-se a lua favorável ao sabá. A tríplice Bombo de Tessália torna-se a feiticeira medieval. Morreu o grande Pã? Ele ressuscita como Mestre Leonardo, isto é, o diabo que preside ao sabá. O lugar, qualquer que seja, é pouco iluminado. Mal se enxerga ali, e os acusados em processos de feitiçaria têm, assim, muita dificuldade em denunciar seus cúmplices. Suas confissões são vagas, o que permitirá aos juízes prender um número maior de pessoas. Entretanto, reconhecem-se entre si no sabá, ainda que tenha havido, segundo certas feiticeiras de Labourd, às vezes 12 mil pessoas presentes. (Bela assembléia na praia de Biarritz, mencionada fielmente pelo sinistro juiz de Lancre.) Distingue-se uma hierarquia social. Havia ali senhores e grandes damas, identificáveis por suas roupas e, a partir do século XVII, mascarados, o que é a exata observação da realidade. O diabo é mais amável com eles, e as feiticeiras se aborrecem muito com isso. O que prova que a revolta social, essência do sabá, continua — no sonho dos espíritos — a inveja e o temor da hierarquia terrestre. A beladona, ingerida em alta dose, não consegue apagar completamente, nos piores delírios, a imagem da terrível realidade. Criancinhas apascentam sapos vestidos de escarlate, sobre ingratos terrenos em repouso, do mesmo modo que fazem com seus carneiros em sua desesperada miséria. De repente soa uma orquestra, discordante ou harmoniosa, fanhosa ou pura; pobres criaturas que acreditam ouvi-la não podem perceber, nas vagas reminiscências de sua memória, segundo os casos, senão os plágios, ou sua surrada música dos campos, ou as reminiscências dos órgãos de sua paróquia muito humilde. Erige-se um altar. Todos e todas o descreveram. Aproximadamente o mesmo em toda parte, como em suas igrejas. Se o juiz, homem das cidades, habituado ao luxo de sua paróquia, acrescentasse um detalhe suplementar, rico em cor, a feiticeira completaria sua descrição, cimentando assim a acusação precisa com a confissão incerta. O juiz, chocado pelo sonho da feiticeira, o retorcia em seu próprio sentido, que era o da realidade precisa.

Um padre celebrava a missa nesse altar. Ele a dizia ao inverso, o que se explica por si, pois o diabo, o grande mestre da inversão, presidia à cerimônia. Comungava-se com um rábano negro em lugar de uma hóstia branca. Seguia-se um banquete onde os pratos eram ou carniças ignóbeis ou alimentos deliciosos. Havia lembranças de males de estômago causados pela digestão penosa de estupefacientes entre as feiticeiras, ou então seria pura imaginação? Em todo caso, nenhum prato, nenhuma comida eram salgados, por ser o sal ritualmente exorcista. Em seguida, adjurava-se o diabo, beijando-o muito porcamente e lhe debitando, em extraordinária confissão, todo o mal que se conseguira praticar: animais enfeitiçados, abortos diligente e secretamente aviados, bruxedos bem-sucedidos, encantos de amor para fechar os corações ou provocar impotência, venenos lançados nas fontes para fazer o gado morrer ou nos poços para matar pobres pessoas. Todos os malefícios, todas as infelicidades e todas as calamidades que se aplicaram, sempre em sonho, ao diabo, cuja cauda, em sua indigência, se puxa e se atira sobre os outros, sobre aqueles que se despreza, que se inveja, de quem se tem ciúme, que se detesta, que se odeia até a morte... na fogueira.

Depois, diante do diabo protetor, que recompensa os mais malvados (ao inverso da justiça divina, em que não se crê mais), pune-se o menos mau (isto é, aquele que ainda depende demais da Igreja do Cristo). Dança-se e dança-se para esquecer. Cabeças que giram em uma ronda infernal. Realidade? Ou tonteira do estupefaciente, cujo efeito se ameniza e não deixa no corpo do doente senão mal-estar e atordoamento. Fica-se confuso. Os vícios exacerbados e as luxúrias reprimidas irrompem: recalques que o sonho libera. Os corpos saciam-se de prazeres interditos pelas leis humanas e morais. Toda a grande loucura da libido enfim liberada pelo sonho e, o que é mais, o sonho de paraísos artificiais expandindo-se largamente. Para sua infelicidade, feiticeiras e feiticeiros guardam na memória a lembrança desses sonhos liberadores e os contam minuciosamente, enxertando em tudo detalhes sugeridos por seus juízes, diante dos governadores de província e das oficialidades. A repressão da feiticeira se juntará, na audiência, à repressão do padre ou do magistrado encarregado do interrogatório. O todo produz uma única tocha viva, justificando a crueldade sublimada do padre ou do homem honesto, juiz de seus próprios pecados projetados em outrem.

Mas, na charneca do sabá, o galo, testemunha da renegação de São Pedro, canta. Tudo desaparece; as feiticeiras tiritantes retornam a seus casebres deteriorados. As vassouras jazem nas casas. Os corpos azulados das feiticeiras repousam nos pobres leitos. Elas arquejam na aurora lívida, que contorce, em último espasmo, seus corpos aniquilados de cansaço. A vida recomeça seu curso de cada dia, com a miséria cotidiana e o grande desejo renovado de fazer uma nova viagem em direção ao grande Bode Negro, o grande Servo Revoltado, como o chamavam as "Hexen" alemãs. E os sortilégios, nos quais se acaba por acreditar, como em um enfeitiçamento de si mesmo, conduzem aos medos, aos ódios, às calúnias, às denúncias contra os vizinhos e contra as vizinhas. E prossegue o ciclo infernal, até chegar ao fogo, que alivia as dores, as misérias, os sofrimentos da tortura, ao fogo que libera a alma, para sempre, do despertar do sonho.

Os Filtros

São as beberagens que as feiticeiras preparam para obter, para seus clientes, um feitiço de amor. A literatura é pródiga em exemplos desse tipo, como testemunha o filtro destinado ao rei Marco, em *Tristão e Isolda,* mas que os dois protagonistas bebem para sua felicidade ou infelicidade. Richard Wagner também faz Siegfried beber um filtro em *Crepúsculo dos deuses.* É variável a fórmula dos filtros. Ela pode ser muito poética, como quando inclui raízes de *Emilae campanae* colhidas na véspera de São João, maçã de ouro, âmbar cinza, tudo isso misturado a um manuscrito levando a palavra mágica "Sheva"; ou então ignóbil, tal como a fórmula de secreções menstruais, pedaços de unha, terra de necrópoles e vinho cinza, usada por Mme. Montespan, ajudada pelo "pequeno e torpe" Guibourg, para alcançar o amor de Luís XIV.

No século XVIII, o filtro deixa de ser uma beberagem, "sem dúvida, devido à dificuldade em fazer bebê-lo a pessoa que se deseja atrair para si" (Grillort de Givry). Eis uma receita simples: "Para alcançar o amor de uma moça ou de uma mulher, é preciso fingir estar fazendo seu horóscopo e saber então se ela é casada; e obrigá-la a te fitar na face, exatamente entre os dois olhos. Quando estiverem os dois nessa postura, recitarás as palavras: *Kafé, Kasita, non Kafela et publia filie omnibus suis.* Ditas essas palavras, poderás comandar a pessoa, que ela te obedecerá em tudo que quiseres" (Bibliothèque de l'Arsenal, manuscrito de 1344). Nota-se que chegamos a um século de boas maneiras, pois que se desprezam os procedimentos macabros ou repugnantes dos períodos precedentes

O Feitiço

O feiticeiro ou o mago (sobretudo este último) fabrica uma figura de cera sobre a qual, usando palavras, projeta a carga maléfica. A figura é, em seguida, perfurada com alfinetes (às vezes, substitui-se a figura por um coração de animal, caso freqüente na baixa feitiçaria). A figura representa o inimigo a ser atingido. Este sofre e morre ao final do ato. É bem provável que, em França, tenha sido o astrólogo Ruggieri quem pôs essa prática sombria em moda na Corte, embora ela fosse pelo menos conhecida desde o século XIII. A Europa inteira participou dessa coisa medonha. Muitos antiquários contemporâneos possuem figuras de madeira dos séculos XVI e XVII perfuradas a golpes, as quais também podem ser vistas no Museu de Cambridge, na Grã-Bretanha. Surgiram fórmulas de desenfeitiçamento no decorrer dos séculos. Para maior clareza sobre esse assunto horrível e obscuro, remetemos ao excelente opúsculo póstumo de Anne Osmont.[1] Todavia devemos registrar ter-nos sido relatado que atualmente se pode ver na floresta de Marly, próximo a um menir, um carvalho venerável golpeado por perfurações. Ao que parece, essa árvore recebe cargas maléficas retiradas pelos desenfeitiçadores das próprias pessoas enfeitiçadas e segrega uma seiva pouco normal. Conta-se a mesma coisa sobre o carvalho de Virofley, chamado da Virgem, o que no fundo é de base tradicional.

A Adivinhação

O feiticeiro é por definição aquele que lança cargas maléficas contra homens e animais. Freqüentemente procura passar-se por curandeiro, coisa que absolutamente não é, mas finge ser quando acusado. O feitiço é feito por meio de magia animal, sinais ou fórmulas mágicas. O adivinho é intensamente temido. Diz-se às vezes que ele tem mau-olhado. Em Nápoles, as pessoas protegem-se com colares de coral. Em toda a Itália e também na França, fazendo os chifres com os dedos (daí a expressão infantil bem conhecida "*faire les cornes*", gesto imitando os chifres, o que não deixa de ter relação com os estribilhos infantis relativos ao caramujo, animal considerado demoníaco, hermafrodita, nem carne nem peixe, e por isso permitido durante a quaresma).

---

[1] *Envoûtements et exorcismes*, Omnium Littéraire, 1954.

Os feitiços relativos ao leite são ainda bem difundidos no campo. Resultam de um estado de espírito social, afetando uma das fontes mais seguras de lucro entre os camponeses. A tal ponto que, às vezes, uma feiticeira, remunerada para essa finalidade, podia extrair leite de vacas já secas ou de um machado (gravura muito curiosa de J. Geiler von Keiserspergen, *Die Eweïs*, Estrasburgo, 1517).

Sabá a que se comparece movido pelo desejo de uma vida melhor, e se puxa o diabo pela cauda ao terminarem as velas acesas no mosteiro vizinho. Feitiços executados por dinheiro ou simplesmente por puro ódio em relação àquele cuja felicidade ou riqueza se inveja. Filtros para obter, enfim, para si ou para os outros, sempre visando vantagens determinadas, a ternura que tanta falta faz em séculos tão duros. Adivinhações, iludindo-se ou alucinando os outros, para transferir a infelicidade que desgraçadamente se sofre para aqueles que (aparentemente) não conhecem os sofrimentos comuns.

Tudo isso! E muito mais! na exaltação dos sentidos e na ilusão dos poderes (o diabo é o pai da mentira) a fim de escapar para a Felicidade através do Mal, pois que Deus não fala mais às suas criaturas, além da miserável Terra e para o Paraíso artificial do sonho...

capítulo II

A IGREJA E A FEITIÇARIA

A Igreja, ao longo do tempo, variou de opinião quanto à feitiçaria. Até o século XIII, exclusive, ela se mostrou calma e generosa em relação aos feiticeiros e feiticeiras. Depois houve uma súbita mudança, cujas causas profundas parecem, à primeira vista, inexplicáveis. Ela assume então uma face severa e, mais tarde, no século XV, uma expressão terrível. Acende incontáveis fogueiras, exceto, por incrível que pareça, na Espanha e na Itália, onde impera a Inquisição. Essa mudança relaciona-se a dois fatos novos: um de importância geral e outro interno à Igreja. Com efeito, foi no século XIII que surgiram, de uma só vez, em seus flancos, as heresias orientais, e o celibato eclesiástico se tornou geral. Observa-se então, simultaneamente, uma reação defensiva contra o perigo externo e ofensiva em face da obsessão pelo Mal que a feitiçaria representa em seu mais alto grau, naquilo que contém de erótico e de exaltação pagã da carne.

Desde o nascimento de Jesus até o final do século VI, a Igreja considerou os demônios como deuses pagãos. Essa é a época da cristianização, quando a Igreja demonstra certa tolerância diante das crenças supersticiosas dos novos cristãos. Depois, perdurando essas crenças, a Igreja, não se irritando além da conta, considera os adeptos da feitiçaria como vítimas de ilusões. Em 829, um Concílio em Paris proclamou: "(...) a maioria crê que os feiticeiros sejam loucos, pois não compreendem sua própria baixeza (...)". Em 1900, um texto —

Do espírito da alma — recomenda expulsar os feiticeiros do país. Esse texto é também interessante sob outro ponto de vista, pois fala de um sabá de forma pagã: "(...) mulheres... crêem e repetem que, durante a noite, com Diana, deusa dos pagãos, ou então com Herodíade e uma multidão de outras mulheres, montam sobre certos animais e atravessam grandes espaços em meio ao silêncio das trevas, obedecendo a essa deusa como a uma soberana, e sendo chamadas algumas noites junto a ela para servi-la".

A hierarquia católica, do século VII ao século XI, acredita que o poder dos feiticeiros se deve apenas à sua imaginação e que os fenômenos diabólicos por eles contados nada são senão produto de seus sonhos. Jean de Salisbury, bispo de Chartres morto em 1181, escreveu inclusive (*Policraticus,* I, 2c., 17): "O melhor remédio contra essa doença [a feitiçaria] é manter uma fé inabalável, não dar ouvidos a essas mentiras e não deter absolutamente sua atenção sobre tão deploráveis loucuras." O papa Gregório VII (1073-1085) fala de feiticeiros apenas uma vez, para proibir o príncipe da Dinamarca de executar os feiticeiros acusados de disseminar epidemias. A mudança produz-se no século XIII, quando começa a perseguição — no início, aliás, muito moderada. Contenta-se em impor aos culpados uma penitência, às vezes em fazê-los pagar uma multa. O texto mais importante quanto à perseguição provém de Santo Tomás de Aquino (1226-1274). Ele sublinha essa obsessão bem carnal do Mal, de que falamos mais acima: "(...) se os homens podem, por meio de uma operação, isto é, a castração, ou de outros procedimentos, impedir um homem de realizar a cópula carnal; assim, o demônio, que é mais poderoso, também poderá fazê-lo, com a permissão de Deus" (alusão aos feitiços de impotência). Segundo Santo Tomás, o diabo tudo pode realizar, tanto por sua própria autoridade como a pedido de seus servidores, os feiticeiros. Uma bula de Gregório IX (1227-1241) contém detalhes bem curiosos. O papa estuda a feitiçaria na Alemanha e observa que ela tem adeptos entre os Senhores e mesmo no alto clero. Ele fala do sabá, da homenagem prestada a um sapo, do banquete sabático, da luxúria que nele impera, e conclui: "(...) É em Satanás que esses infelizes acreditam, eles o tomam como o criador do Céu, que deve ascender à glória quando Deus for destronado; e esperam ter, graças a ele, a felicidade eterna". Esta última frase marca bem o caráter social da crença no diabo, que já sublinhamos muitas vezes aqui. Inocêncio VIII (1484-1492), em bula dirigida aos alemães, fala dos malefícios dos feiticeiros destruidores de colheitas, bruxos que provocam a impotência. Nos séculos XVI e XVII (este último que, erradamente, se pensa ter sido um século da Razão e da Harmonia) precipitam-se as perseguições. A própria Reforma caça implacavelmente a feitiçaria. Somente alguns pastores e jesuítas alemães levantam-se, ocasionalmente, em favor dos feiticeiros, com rara coragem. Enfim, em 1637, Urbano VIII, embora reconhecendo a realidade dos fatos de feitiçaria, recomenda punir apenas os culpados convictamente convencidos. Foi no século XVIII que a Igreja, acompanhando o braço secular, cessou as perseguições. Entretanto grande número de padres continuou a acreditar na feitiçaria e em seus adeptos, conforme testemunha o abade Fiard (1803), que acusa os jacobinos e os franco-maçons de feitiçaria; ou o abade Simonet (1819), que escreveu *Realidade da magia*... Mas a Igreja demonstra uma tendência cada vez mais acentuada para considerar os feiticeiros como simples doentes, às vezes como possuídos. No século XIX, ao contrário do Grande Século, ela utilizará muito pouco o exorcismo, evitando assim provocar epidemias de demonopatia. A posição contemporânea da Igreja está definida em um grande volume intitulado *Estudos Carmelitas*: *Satã* (1948), no qual colaboraram teólogos, médicos e historiadores. Remetemos a essa obra o leitor interessado em uma informação recente e completa. É preciso todavia assinalar que, se grande número de sacerdotes se encontra, ao longo dos séculos, nas fileiras dos feiticeiros (notadamente sob Luís XIV), a Igreja foi com eles, em geral, misericordiosa.

Lembremos, para terminar, que com a feitiçaria a Igreja se viu diante de um dos problemas que colocam a realidade ou a aparência do mal. Ela o combateu, sem dúvida, com severidade, mas com a maior boa fé. Nesse ponto, apenas refletia a ótica do tempo. Com a chegada do progresso social, a feitiçaria se abrandou. E a perseguição também. . .

capítulo III

TÉCNICA DOS PROCESSOS DE FEITIÇARIA

No final da Idade Média, as perseguições contra os feiticeiros passaram da jurisdição eclesiástica para o poder laico. Entretanto, ao oficial da Justiça Clerical cabia ainda, em inúmeras situações, averiguar os casos de feitiçaria, embora ele dependesse do procurador real para a emissão do mandato de prisão.

Inicialmente procedia-se à *informação,* visando um fato denunciado como sendo de feitiçaria — o que acarretava uma investigação coletiva — ou uma pessoa apontada nominalmente. As testemunhas eram chamadas perante o juiz; freqüentemente uma monitória era lida no sermão, convidando os fiéis a revelar o que soubessem sobre o fenômeno de feitiçaria, sob penas eclesiásticas, caso se mostrassem reticentes em seus testemunhos ou calassem seus conhecimentos a respeito de fatos reprovados nos feiticeiros. Assim se constituía, pouco a pouco, a "informação primeira", a qual continha as "provas" e os "adminículos". Estes últimos não eram, às vezes, mais do que indícios ou meias provas, mas podiam levar à prisão. A tortura completaria notavelmente a acusação. Era feiticeiro quem tivesse tremido ou enrubescido diante do juiz. Feiticeiro aquele que habitasse uma vila tachada como de reputação maléfica (por exemplo: no Loire inferior, Arthon-en-Retz, ainda hoje chamada "terra de feiticeiros" e que forneceu outrora um importante contingente de vítimas para as fogueiras de Nantes). Feiticeiro aquele em cuja casa morriam misteriosamente as pessoas. Feiticeiros o blasfemador e o vagabundo; feiticeiros o pobre errante e o pastor solitário. Feiticeiros os que rondavam em torno dos cemitérios no crepúsculo ou que não gritavam durante as torturas. Entretanto os juízes tremiam diante dos acusados de feitiçaria. Que fazer diante dos sequazes do diabo? Mas os juízes estavam de acordo quanto à afirmação de que "(...) os feiticeiros não podem prejudicar as pessoas dos oficiais e ministros de Justiça, por mais malvados que sejam". É o grande juiz de Saint-Claude, Henri Boguet, quem o afirma. A opinião esclarecida desse especialista é reconfortante para todos os que se preocupam em perseguir os feiticeiros. Pode-se doravante agir com toda a segurança. Mas é preciso distanciar ao máximo possível a pessoa do acusado da pessoa do magistrado. É preciso também impedi-la de tocar a terra (o mito de Antea ressurge no pensamento do juiz, nutrido pelas idéias da Antigüidade); assim, o acusado é colocado em uma espécie de gaiola suspensa entre dois bastões carregados por dois funcionários da Justiça. Desse modo, o paganismo do feiticeiro adorador das tradições celtas e a cultura clássica do juiz se juntam em uma dupla superstição pagã. O feiticeiro — cuja casa fora revirada de cima para baixo para se tentar encontrar os ingredientes próprios aos feitiços — é em seguida interrogado. Ele jura dizer a verdade. Se o seu testemunho for depois considerado falacioso, este reverterá fatalmente contra ele. Sendo o feiticeiro por essência maldito, o juiz não precisará ter qualquer cuidado com ele ao lhe extorquir as confissões. Não somente a tortura é de praxe, como ainda pode o juiz impunemente — segundo sua própria consciência — enganar e mentir ao acusado. "Eles [os juízes] souberam pleitear o falso para conhecer o verdadeiro (...). Foram os casuístas da época; ao mesmo tempo em que condenavam sem reservas a mentira, sabiam manejar a possibilidade de enganar os outros: bastava para isso, conforme pensavam, manter uma linguagem que, em sua acepção formal, fosse verídica, mas formulada com tal ambigüidade que o interlocutor não pudesse interpretá-la exceto no sentido oposto: é o que os moralistas católicos denominam até hoje 'a restrição mental'. Um reputado demonólogo, o padre Delrio, como bom jesuíta do século XVII e fiel discípulo de Maldonat, considerava lícito aos juízes o recurso a tal artifício, visando arrancar as confissões dos suspeitos de feitiçaria. Na Alsácia, os oficiais de justiça acalentavam, mediante palavras de duplo sentido, os supostos feiticeiros com uma falaciosa esperança de soltura, e acreditavam, por meio desse subterfúgio, ter suas consciências asseguradas (...)."[1] O *interrogatório* do feiticeiro durava longo tempo. "Pode-se dizer que ele só cessava com o cansaço do magistrado."[2] Ao mesmo tempo se procurava no corpo do feiticeiro a famosa marca insensível que o diabo tinha feito, no sabá, nos seus amigos feiticeiros e feiticeiras. Os cirurgiões, com aplicação, enfiavam nos corpos dos suspeitos longas agulhas. Um calo, uma calosidade qualquer, um lugar já cicatrizado ou muito queimado, o excesso de dor anestesiando o sofrimento, anulavam freqüentemente a sensibilidade. A *marca diabólica* era enfim encontrada. Às vezes, tal como em Estrasburgo ou em Bamberg, se recorria a um outro tipo de prova (?). O suposto feiticeiro era jogado na água: se culpado, flutuaria; se inocente, iria ao fundo. Depois do interrogatório, o acusado era levado para a prisão, onde alcagüetes freqüentemente obtinham o que nem o juiz nem a dor haviam conseguido. "Encerrado o interrogatório, o juiz o comunicava ao procurador do rei ou aos Senhores, em caso de justiça senhorial. Era então que tinha lugar a instauração do processo, que era classificado, segundo a gravidade, em processo 'ordinário' ou 'extraordinário'. O processo ordinário era tratado como um simples processo civil, podendo terminar com indenizações ou penas pecuniárias; o processo extraordinário tinha por resultado penas aflitivas e infamantes, e a pena de morte (...)."[3] Na continuação do processo, testemunhas e acusado eram colocados frente a frente, sendo então aberta a ata de acareação. Após

---

1 E. Delcambre, "Les Procès de sorcellerie en Lorraine: psychologie des juges". *Revue d'Histoire du Droit,* 1953, pp. 15-16.
2 Maurice Garçon e J. Vinchon, *Le Diable.* Paris, 1926, p. 124.
3 Maurice Garçon, *Le Diable,* p. 126.

o relatório por um juiz, o acusado comparecia diante da Corte, que o condenava imediatamente ou o fazia submeter-se à *questão,* na falta de provas suficientes. A tortura, variando segundo os tribunais de recursos dos bailios, era aplicada sem medidas, mas sempre longo tempo após as refeições a fim de que "o feiticeiro não vomitasse". Redigia-se então uma ata da sessão: "[a suposta feiticeira] foi estendida sobre uma escada (. . .) e queimada com enxofre sob o queixo, sob as axilas, sob os artelhos, nas partes secretas (. . .) ela nada disse além destas palavras: 'Ó Filho de Davi, tenha piedade de mim.' Em seguida ela se acalmou bastante tempo, e por mais que fosse chamada não respondia coisa alguma (. . . .) o rosto sempre colorido, entretanto sem qualquer lágrima, mas gotas de suor lhe tombavam da fronte (. . .) coberta e esfregada com enxofre inflamado (. . .) a todas as questões ela respondia que nada, nada tinha feito e que não passávamos de 'uma canalha' (. . .)." (Interrogatório de Anna Eve, Leipzig, início do século XVII.) Poderíamos citar milhares de textos desse tipo em toda a Europa, do século XVI ao fim do século XVII, todos muito simples em seu imenso e preciso horror sombrio. Algumas vezes a corte se reservava o direito de pronunciar seu julgamento um pouco mais tarde. Era o "até uma informação mais ampla sobre o caso", durante o qual o acusado, sempre em prisão, era mantido à disposição da Justiça, isto é, durante longos e longos anos. Ele freqüentemente morria na cela. Ao contrário do que se acredita habitualmente, os corpos vivos não eram queimados em cima da fogueira, mas sufocados pela fumaça e lambidos pelas chamas por trás da fogueira. O condenado "não subia na pilha de madeira, mas entrava nela, tendo a emergir apenas a cabeça e a parte superior do corpo. Era queimado dentro da fogueira, e não sobre a fogueira. Conseqüentemente, os espectadores não viam nada, ou pouca coisa (. . .). Joana D'Arc não deve ter morrido de forma diferente. Ela também foi toda cercada em sua fogueira. Inúmeras gravuras onde se vê a heroína no meio das chamas (. . .) de pé sobre um enorme amontoado de troncos de árvores (. . .) não apresentam portanto qualquer traço de verdade."[4] Para suavizar o suplício, o condenado era às vezes estrangulado no momento de se amarrá-lo à estaca de execução. Na Flandres, no século XVI, e também no cantão de Zurique, acontecia por vezes de uma ou várias feiticeiras serem amarradas juntas em uma escada e jogadas todas vivas nas chamas (Terceira Parte, Capítulo I). Ao condenado, em geral, se recusava a extrema-unção. "Não há qualquer dúvida de que ela era negada ao feiticeiro" (H. Boguet). O corpo morto era queimado e as cinzas dispersas ao vento. Os bens do condenado eram confiscados pela Justiça e ficavam em mãos dos juízes. Durante três séculos as condenações foram incontáveis. Os condenados eram freqüentemente de baixa condição, sendo os confiscos modestos. Contudo, uma coisa explica a outra...

---

4 R. Anchel, *Crimes et châtiments au XVIII.e siècle*. Paris, 1933, pp. 210-11.

capítulo IV

A FEITIÇARIA NA IDADE MÉDIA

Graças ao romantismo, implantou-se uma tradição: a Idade Média teria sido a grande época da feitiçaria. Nada é mais inexato. Até o século XIII houve poucos casos de feitiçaria na Europa; o que existiu foi o enunciado de leis a seu respeito, que examinaremos depois. A partir de 1270, aproximadamente, insinuou-se um início de perseguição que se foi agravando gradativamente até o despontar da Renascença, tendo os séculos XIV e XV se servido da feitiçaria sobretudo como pretexto para processos políticos: os templários e Joana D'Arc. O único grande processo verdadeiramente de feitiçaria, se assim se pode dizer, foi a "Vauderie d'Arras" (1460-1467). Mesmo esse encerrou-se rapidamente por intervenção de Filipe o Bom, duque de Borgonha, e por motivos estritamente econômicos. Os juízes da Idade Média, e particularmente os Inquisidores, deram provas de relativa brandura com os feiticeiros. No século XVI, será o braço secular que se ocupará dos feiticeiros, golpeando com muito mais força do que jamais tinham feito os padres e monges. O século XVI é, ao mesmo tempo, ressurreição do paganismo e perseguição intolerante e terrível da feitiçaria. O século XVII continuará essa obra atroz. Se a Idade Média foi a época da mais viva fé cristã, foi também tempo de relativa tolerância com a feitiçaria. O século XVII, era da Razão triunfante, foi aquele de fogueiras mais numerosas e mais repletas de feiticeiros e feiticeiras.

A Alta Idade Média

No século V, os francos chegaram à Gália com o cérebro imbuído de lendas nórdicas. A lei sálica determinava a punição de feiticeiros: 72,5 *sous* [moeda antiga] de ouro para o culpado de malefícios; 200 *sous* de ouro para a feiticeira que tivesse devorado um homem. O termo feiticeiro ou feiticeira era infamante, pois a lei sálica punia aquele que tivesse chamado um homem injustamente por essa palavra com a pena de 72,5 *sous,* ou "que o tivesse acusado de festejar o sabá"; 187 *sous* de ouro seria a punição dos que tivessem, sem provas, chamado uma mulher de "feiticeira". As leis ripuárias condenavam o feiticeiro à reparação financeira (*Wehrgeld*). O código dos visigodos de Espanha, mais duro, punia com o açoite e redução à escravidão os culpados de malefícios graves. Assim os visigodos especificavam os sortilégios usados nos séculos VI e VII: "Maléficos e provocadores de tempestades; os que se acredita provocarem granizo sobre vinhedos e searas por meio de encantações; e os que, por invocação dos demônios, perturbam o espírito dos homens; ou oferecem sacrifícios noturnos aos demônios e os invocam maldosamente com preces ímpias. Todos esses culpáveis serão detidos por um juiz, receberão 200 chicotadas em público; serão tosquiados vergonhosamente e, nesse estado, obrigados a percorrer dez vilarejos vizinhos à sua casa para que seu exemplo sirva de correção aos demais" (Liv. VI, título 2, linha 3). Por outro lado, a Igreja mostrava-se mais prudente em relação à feitiçaria e demonstrava certo ceticismo a seu respeito. Um Concílio realizado na Irlanda, na segunda metade do século V, questionou: "Lançar-se-á o anátema sobre um cristão por acreditar haver uma feiticeira dentro de um espelho?" Parece bem que os concílios e os bispos procuravam sobretudo digerir os últimos vestígios das religiões do paganismo derrotado. O Cânon XXII (Concílio de Tours, 567 d.c.) proscreve a festa de Jano e proíbe os sacrifícios feitos aos mortos. Os padres são convidados a impedir que suas ovelhas "se aproximem (...)

de árvores, fontes e rochedos (...) a fim de realizar ritos que não pertençam à Igreja (...)". Vê-se que a Igreja assimilava a feitiçaria a um culto prestado às divindades pagãs e, por essa mesma razão, esta era considerada uma heresia diante da Igreja Romana. Em 697 o Concílio de Berghampstead, aprovado pelo rei Withred de Kent, puniu com pena de confisco e canga de ferro os que oferecessem sacrifícios ao diabo. Em 742 Childerico III proibiu todas as práticas de feitiçaria — "sortilégios, filtros amorosos, augúrios, encantações (...)" — e determinou aos bispos que lhe prestassem assistência e auxílio nessa matéria. Não indicou punição alguma. [1]

De maneira geral, a época merovíngia, embora tão repleta de prodígios sobrenaturais, se mostra clemente com os feiticeiros, a se acreditar no que dizem os Analistas e particularmente Gregoire de Tours (*História da França*).

Os Carolíngeos

A época carolíngea é marcada por dois fenômenos importantes. Por um lado, do ponto de vista estritamente jurídico, uma punição freqüentemente rigorosa substitui a reparação pecuniária (*Wehrgeld*) das antigas leis bárbaras. Por outro lado, uma corrente de negação da feitiçaria e seus prodígios, dirigida pelo bispo de Lyon, Santo Agobard, tende a se propagar na Gália. O feiticeiro é mais usualmente considerado o idiota da vila, o qual, em conseqüência, não deve ser duramente castigado. O Concílio de Liptine (743) pune-o com multa de 15 *sous*. O Cânon do Sínodo de Paderborn "pune com pena de morte o homem que tiver assassinado uma feiticeira e a devorado, sob pretexto de que a feiticeira devora os homens. O castigo atinge

1 Ver Labbé, *Concilia*, T. VI, col. 1535.

aqui não o feiticeiro, mas aquele que crê na maldade da feiticeira." [2]

Uma capitular de Carlos Magno declara: "Que pessoa alguma interrogue os adivinhos, nem comente os sonhos, nem se ocupe dos augúrios, que não haja nem feiticeiros, nem bruxos, nem pitonisas, fabricantes de filtros, fazedores de tempestades ou de ligaduras [feitiçaria sexual]. Onde quer que sejam encontrados, que sejam corrigidos ou castigados. Quanto às cerimônias feitas por certos imbecis junto a pedras, árvores ou outras fontes, devem ser suprimidas em toda parte." [3] Outra capitular (805) determina que "o exame [dos feiticeiros] deve ser bastante moderado para poupar sua vida; os infelizes serão, ao contrário, postos na prisão, até que, por inspiração divina, prometam o arrependimento de seus pecados". Entretanto, sob Luís o Indulgente, o Concílio de Paris de 829 não hesita em apelar, pela primeira vez — com pesadas e duvidosas conseqüências —, ao braço secular para castigar os feiticeiros. Este será terrível: "Seus malefícios [dos feiticeiros] podem perturbar o ar, provocar o granizo, prever o futuro, tirar os frutos e o leite de alguns para dá-los a outros, e fazer prodígios incontáveis." [4] Desde então parece que a epidemia diabólica, devido ao próprio fato de a autoridade a reconhecer e perseguir, começa suas devastações, conforme testemunha esta capitular de Carlos o Calvo (873): "Tivemos ciência de que homens maléficos e feiticeiras aparecem em diversos lugares de nosso reino, tendo seus malefícios já causado doença ou morte a muitas pessoas (...) é dever do Rei fazer desaparecer os ímpios e não deixar vivos os fabricantes de malefícios e de venenos." [5] A mesma capitular instituía o julgamento de Deus como prova de feitiçaria, visando o indivíduo que se recusasse a admitir como culpado de malefí-

---

[2] T. de Cauzons, *Histoire de la magie e de la sorcellerie en France*, T. II, p. 108.

[3] *Recueil des historiens de la France*, T. V, p. 691.

[4] Cf. Labbé, *Concilia*, T. VII, col. 1658.

[5] *Recueil des hist. de la Gaule*, T. VII, p. 686.

cios. O suposto feiticeiro era atirado à água e declarado inocente se fosse a pique, e culpado se flutuasse. Havia nesse absurdo jurídico, sem dúvida, a lembrança de uma tradição gaulesa inversa, particular ao Reno, no qual se jogavam as crianças suspeitas de ilegitimidade: se o infeliz bebê se afogasse, isso seria a prova de um nascimento culpável; o contrário comprovava o amor legítimo.[6] Essa pretensa prova divina nos assuntos de feitiçaria continuaria a ser administrada até o século XVIII. Encontra-se ainda em Estrasburgo a ponte de onde se atiravam no Ill feiticeiros e feiticeiras (Ponte do Corvo). Mas o texto mais importante dessa época remota é, sem dúvida, a lei de Etienne I da Hungria (997-1038), aprovada por seus sucessores, São Ladislau (1077-1095) e Coloman (1095-1114). Essa lei determinava, com efeito, as diferenças capitais existentes entre magia e feitiçaria: esta última — crime civil — como inventora de venenos e malefícios e a magia como satanismo e adivinhação, isto é, no fundo, uma ciência mais completa e mais atroz do que a feitiçaria e subordinada à justiça eclesiástica. A Inglaterra, na mesma época, estabelecia leis idênticas. Não é menos verdade que nem um só caso de execução por feitiçaria seja conhecido em relação ao período carolíngeo.

Os Primórdios dos Capetos (Séculos XI e XII)

Se a feitiçaria é nessa época uma crença permanente junto às baixas camadas medievais, parece no entanto que, a essa superstição, as classes superiores e intelectuais, até então pouco atentas ao fenômeno, mesclaram os fatos maléficos condenados em certos heréticos e principalmente naqueles denominados maniqueístas.

[6] Cf. Julio César, *Lettre XVI à Máxime*, e *Rec. Hist. Gaule*, T. I, p. 730.

Acusam-se estes últimos de se reunirem à noite e fazerem aparecer o Demônio por meio de cantos; de se entregarem, nas assembléias, a orgias sem distinção de sexo, parentesco ou idade; e de grande número de crimes que se tornarão as acusações levantadas contra os adeptos da feitiçaria em épocas posteriores. Nos séculos XI e XII, entretanto, raras são as condenações de feiticeiras à morte: uma em Colônia, castigada pelo povo em 1074. Pelo menos, o pouco que nos restou dos arquivos nos permite afirmar somente isso.

O Século XIII

Nessa época a Inquisição, criada em 1220, teve que se ocupar da feitiçaria. Ela qualificou os crimes de magia e feitiçaria, definiu-os e nuançou-os. A Inquisição — como aliás a Igreja — reservava-se somente a punição da feitiçaria herética. Se o feiticeiro não tivesse renegado a Deus e adorado o diabo, era simplesmente declarado culpado de sortilégios maléficos aos homens ou aos animais e justiçado pelo poder secular. T. de Cauzons comenta apropriadamente: "Como nem sempre era fácil fazer a distinção, admitia-se geralmente que a magia fosse um crime misto, subordinado às duas justiças: eclesiástica e secular." [7] O mesmo se deu com a feitiçaria. Convém citar aqui um texto curioso de Bernard Gui (1261-1331), inquisidor de Toulouse, relativo a essa questão: [8] "O que são os feiticeiros, adivinhos e invocadores de demônios reveste-se, em diversas províncias e regiões, de formas numerosas e variadas em relação às múltiplas invenções e às falsas e vãs imaginações das pessoas supersticiosas que levam a sério os espíritos do erro

---

7 *Op. cit.*, T. II, pp. 185-6.

8 B. Gui, *Manuel de l'Inquisiteur*, org. e trad. por G. Mollat. Paris, Champion, 1927, T. II, pp. 20-5.

e as doutrinas demoníacas." Após esse belo preâmbulo, ligeiramente dubitativo entretanto, B. Gui pede que se façam pesquisas sobre "as substâncias que os feiticeiros fazem ingerir: pêlos, unhas e outros" (p. 23), sobre "essa maneira de recolher as plantas, de joelhos, voltado para o oriente e recitando a oração dominical" (*id.*), sobre a prática consistindo em "batizar as imagens de cera ou outros [feitiços]; perguntar-se-á sua maneira de batizá-los e que uso fazem disso e que vantagem obtêm daí" (*ibid.*); "se interrogará o suspeito sobre as imagens de chumbo que os feiticeiros fabricam: modo de fabricação, emprego (...)" (p. 25). A propósito do feitiço ao qual se fez alusão acima, outro texto da mesma época — *La Practica* — acrescenta que os feiticeiros enchem o interior das estátuas, ou "vultos", "de moscas [o diabo, em todas, as tradições, mesmo orientais, é o Pai das Moscas], aranhas, rãs, sapos e peles de serpentes",[9] o que, segundo os juízes, deve provocar no enfeitiçado males intestinais. As penas aplicadas pela Inquisição eram a multa, açoite, mas jamais a morte. Para esta última, a Inquisição remetia o condenado ao braço secular, e os bens seqüestrados revertiam à justiça civil. Cada vez mais, esta reivindicava o exame das peças do processo inquisitorial, o que levou, no final da Idade Média, à transferência total dos assuntos de feitiçaria ao braço secular. Na verdade, a Inquisição não se mostrou de fato temível, exceto para o feiticeiro relapso, isto é, o reincidente e o que recusasse toda penitência. O braço secular, a partir do século XVI, como veremos adiante, não se embaraçou absolutamente com toda essa casuística; e enviou impenitentes e penitentes, reincidentes e delinqüentes primários ao fogo, purificador extremo de todos os pecados. Para o braço secular, assim como para a Inquisição, a base da perseguição era a confissão do culpado, daí submeter-se o acusado à tortura.

O mais antigo documento relativo à feitiçaria no século XIII é um tratado de 1230 entre os príncipes do Império e o

---

9 *La practica.* Paris, Douais, 1886, p. 153.

rei dos romanos, Henrique (futuro Henrique VI): "Os heréticos, os bruxos, os maléficos, convencidos e detidos, serão punidos devidamente, segundo a vontade do juiz." [10] Entretanto os textos nos mostram que, se no século XIII a crença na feitiçaria se afirma e se expande, os castigos aos feiticeiros são raros e benignos. Evidentemente, aquele século foi, pelo menos quanto ao Ocidente, uma época de grande prosperidade econômica e social, e o escasso mal sofrido pelos povos impedia a perseguição dos malditos, dos feiticeiros e dos oradores de demônios.

O Fim da Idade Média (Séculos XIV e XV)

Não é nossa intenção narrar aqui o processo dos templários (início do século XIV) nem o de Joana D'Arc. Esses dois casos espantosos não têm relação com a magia ou a feitiçaria (especialmente o segundo), senão como pretexto invocado pelos juízes para perseguir e condenar os acusados. Pela sua amplitude e gravidade, sobretudo o processo de Rouen, ultrapassam singularmente o quadro estreito e tosco da feitiçaria. Há vítimas suficientes desta última para que ainda acrescentemos os martírios de Filipe o Belo e da santa de Lorena.

A Feitiçaria na Região de Toulouse

Em 1329 Pierre Recordi, carmelita acusado de ter colocado estatuetas de cera lambuzadas de saliva e sangue de sapo nas

---

10 *Monumenta Germaniae historica, Leges,* t. II, p. 268.

soleiras das casas de numerosas mulheres cujo amor desejava, confessou seu crime e foi condenado com alguns outros feiticeiros à prisão perpétua. Em 1330 19 pessoas (entre as quais dez mulheres) foram punidas com penas diversas de feitiçaria, sem serem entregues à justiça secular. Entre elas se encontravam várias pastoras culpadas de haver enfeitiçado ovelhas. Uma só dessas mulheres confessou ter ido ao sabá. Em Toulouse, 63 pessoas foram julgadas pelo inquisidor (1355), entre as quais duas mulheres entregues ao braço secular e condenadas à fogueira. Detalhes curiosos nos são dados por uma das feiticeiras, Anne-Marie de Geogel, os quais reencontraremos em todos os processos futuros de feitiçaria, como um *leitmotiv* monótono e horrível. Essa mulher confessou ter sofrido a tentação direta do diabo sob a forma de um homenzarrão negro que "lhe perguntou se ela queria se entregar a ele, ao que ela respondeu que sim. Então, ele soprou em sua boca e, a partir do sábado seguinte, ela foi levada ao sabá por simples efeito de sua própria vontade. Lá ela encontrou um bode gigantesco, que saudou e ao qual se abandonou. O bode, em compensação, ensinou-lhe todas as formas de segredos maléficos; fê-la conhecer plantas venenosas, ensinou-lhe palavras mágicas e de que maneira se faziam os sortilégios, nas vésperas de São João, do Natal e em todas as primeiras sextas-feiras do mês. Aconselhou-a a fazer comunhões sacrílegas a fim de ofender a Deus para a glória do diabo. Ela vagava à noite em torno de forcas, tanto para retirar farrapos das vestes dos enforcados como para levar a corda que os prendia ou para se apoderar de seus cabelos, suas unhas ou sua gordura." Outra acusada, Catherine Delort, declarou ter sido levada por um pastor ao sabá "(. . .) à meia-noite, nos confins de um bosque e na encruzilhada de dois caminhos. Lá ela se feriu no braço esquerdo, deixando cair seu sangue sobre um fogo alimentado por ossadas humanas furtadas do cemitério paroquial (. . .) o demônio Bérit lhe apareceu na forma de uma chama violácea (. . .). Todas as noites de sábado ela caía em um sono extraordinário, durante o qual era transportada ao sabá", celebrado na floresta de Bouconne, entre Toulouse e Montauban, ou sobre os montes Pireneus. Catherine Delort, no sabá, "adorava o Bode e se entregava a ele, como a todos os presentes (...). Comiam-se cadáveres de crianças recém-nascidas, raptadas de suas amas durante a noite, bebiam-se (...) licores repugnantes, mas todos os pratos eram sem sal." [11] O pastor André Cicéron também foi queimado no mesmo ano (1335) por ter parodiado a missa. Ao seu sacrilégio somou-se a acusação de heresia adamita. Dois outros pastores, Paul Rodier e Catala, que evocavam o Diabo (?) por meio de uma galinha preta, foram também executados. De 1320 a 1350, 400 feiticeiros ou feiticeiras foram perseguidos em Carcassone e a Inquisição deixou 200 arderem nas fogueiras; a metade dos 600 acusados em Toulouse subiu à fogueira.

Na mesma época ocorreram numerosas execuções na Itália (principalmente em Como), em Saxe, na Suíça (Berna e Fribourg, de 1395 a 1405) e na Prússia (uma feiticeira foi queimada em Berlim no ano de 1399). A Rússia, isenta de servidão durante a Idade Média e cujos príncipes estavam ocupados em defendê-la contra os mongóis, não parece ter tido processos contra a feitiçaria.

Ile de France

Um caso horrível desenrolou-se no ano de 1325 em Château-Landon. Tratava-se da busca de um tesouro, empreendida com a ajuda de um feiticeiro pelo abade de Sarcelles, da ordem de Cîteaux. Uma caixa contendo um gato preto, pão molhado de São Chrême e água benta havia sido enterrada em um campo por esses amantes do ouro. O todo, assim como uma invocação

11 Lamothe-Langon, *Hist. de l'Inquisition en France*, T. III, pp. 233 ss.

ao demônio Bérich, foi descoberto por um cão pastor, o que acarretou ao feiticeiro em busca do tesouro ser queimado vivo junto com o cadáver do abade, morto na prisão em conseqüência das torturas sofridas.

Gilles de Rais

A espantosa história de Gilles de Rais, senhor de Tiffauges, Pouzauges, Machecoul e Champtocé, marechal de França e antigo companheiro de Joana D'Arc, enforcado em Nantes com dois cúmplices no ano de 1440, remete muito mais ao domínio da magia que ao da feitiçaria. Gilles, um dos mais ricos senhores da Europa, não soube administrar a imensa fortuna que lhe haviam legado seus ancestrais. Suas loucas despesas e seu luxo insolente dilapidaram-lhe o patrimônio, ao mesmo tempo em que lhe atraíam invejas capazes de se transformar em sólidos ódios contra ele. Ele se lançou à alquimia, o que, tomada no sentido vulgar conforme era compreendida, o levou muito rapidamente a freqüentar feiticeiros e magos, evocadores de demônios, que deviam enriquecer o poderoso senhor. Não podemos incluir, evidentemente, o florentino Prélati, que foi, ao que parece, ao mesmo tempo que um mago temido, também a alma danada de Gilles e o verdadeiro demônio de todo esse caso.

Parece-nos terem sido feiticeiros, ou pelo menos quase isso, os servidores do barão, Henriet e Poitou. Feiticeiro também foi aquele Etienne Cornillau, que declarou ter ido uma noite, com Prélati e Gilles, "invocar um certo demônio que guarda, com sua presença, os tesouros escondidos em um prado onde há grandes pedras elevadas", o que é uma boa indicação da estreita relação entre os fenômenos de feitiçaria e os monumentos megalíticos. Mas o Senhor de Rais não se contentou apenas com os procedimentos mágicos a fim de tornar favoráveis os demônios — sacrificou-lhes crianças, depois de tê-las feito vítimas de suas imundas fantasias lúbricas. Seu processo foi um tecido de horrores que ultrapassam a imaginação, a tal ponto de se ter perguntado se Gilles de Rais não teria morrido vítima de uma sombria maquinação do bispo de Nantes, Jean de Malestroit.

O Surto de Feitiçaria no Sudeste, no Leste e no Norte: Os Valdenses

O Sudeste, região montanhosa, teve uma feitiçaria adaptada às necessidades de seus habitantes. Os feiticeiros — popularmente conhecidos como gazarinos ou valdenses, devido à heresia dos discípulos de Pierre Valdo, que se haviam refugiado nos Alpes — ocupavam-se em quebrar os gelos durante o inverno. No Queyras (Altos Alpes), que sofreu repressão da Inquisição, deve-se assinalar um fato: todas as feiticeiras detidas chamavam-se Marguerite. Elas se reuniam em uma charneca elevada: Pra Patris (o prado do Pai). De 1428 a 1447, nos vales alpestres, 110 mulheres e mais 57 homens foram executados (Arquivos de Isère). Outros arrependeram-se na prisão para escapar às torturas. A outra vertente dos Alpes conheceu também, do lado italiano, uma implacável caça às bruxas.

A Lorena

Em 1456 acusaram-se os feiticeiros de terem produzido uma bruma fria nociva aos vinhedos: oito pessoas foram queimadas, entre as quais um ancião (18 de maio de 1456) que reconheceu ter produzido o flagelo natural. Ele era “mestre feiticeiro há 43 anos”. As chuvas torrenciais de 1481 causaram também a morte de nove acusados na fogueira (região de Metz).

A Heresia de Arras (1459-1461)

Trata-se de um dos processos contra feitiçaria de maior repercussão no século XV, tanto pelo número quanto pela categoria dos acusados. Entretanto, conforme indica J. Huizinga: [12] "Na grande heresia de Arras, a intimidade doentia com a feitiçaria, bem expressa no *Malleus maleficarum*, caminha de par a par com uma atitude de ceticismo por parte do povo e dos magistrados em relação aos crimes descobertos. Um dos inquisidores afirmou que um terço da cristandade é maculado pela Feitiçaria." A heresia de Arras nasceu da confissão derradeira de um eremita condenado à fogueira em Langres no ano de 1459. Esse infeliz acusou de "Vauderie", isto é, de heresia, de fetiçaria e de atos sexuais contra a natureza dois personagens de Arras: uma "moça louca no seu corpo", Deniselle, de 30 anos de idade, e Jehan Lavite, pintor, retórico e poeta, já velho e cognominado pelo povo "Abade de Pouco Senso". Ele tinha o hábito de recitar poemas de sua autoria nas quermesses, e terminava suas récitas elevando a boina para saudar os presentes dizendo: "Que não desagrade ao meu mestre." Isso o pôs a perder. Um acusado de "Vauderie" não podia ter outro mestre senão o diabo. Deniselle, submetida à tortura, confessou tudo o que queriam, assim como J. Lavite. Conseqüentemente, numerosas pessoas de todas as condições sociais foram detidas. Em 9 de maio de 1460, ao se abrirem os debates, o inquisidor Pierre le Broussard, dominicano e doutor em teologia, resumiu as acusações levantadas contra os feiticeiros: "... [eles] tinham necessidade de uma pomada dotada de força sobrenatural (...) pegavam a Santa Hóstia e davam o Santo dos Santos como alimento aos sapos. Os sapos eram queimados. À sua cinza juntavam um pó feito com ossos de enforcados, depois ervas e sangue de crianças inocentes. Lavite, com esse propósito, havia assassinado duas crianças; Deniselle,

---

12 *Le Déclin du Moyen-Age,* Payot, 1932, p. 209.

seu próprio filho, e o dera ao diabo. Com a pomada fabricada dessa matéria horrível, bastava untar um pequeno bastão, as mãos e as solas dos sapatos, que o bastão logo se colocaria entre as pernas e partiria em galope, sobre vilas, bosques e águas, para o sabá. Encontravam-se em pleno dia, após o almoço, em três lugares apontados; podia-se ali chegar facilmente a pé. O diabo esperava seus fiéis para a 'Vauderie' sob forma de bode, cão, macaco ou às vezes também de homem. A homenagem e a adoração freqüentemente tinham lugar sob a direção do Abade de Pouco Senso. Cada qual se ajoelhava diante do Príncipe das Trevas, jurava-lhe por sua alma e lhe dava alguma coisa de seu corpo, pelo menos a unha de um dedo ou alguns cabelos. Depois, expressava-lhe o devotamento beijando solenemente o traseiro do animal, com um círio iluminado na mão. Enfim, como prova de que estava desligado da fé, pisoteava uma cruz, cuspia-lhe em cima e o fazia blasfemando com um gesto obsceno (...). O diabo [fazia] um sermão: proibição de ir à igreja, de assistir à santa missa, de se confessar e de usar água benta. Se seus ouvintes precisassem entretanto ir à igreja, para não serem malvistos, deveriam dizer a cada vez: 'Não desagrade a meu mestre.' O homem certamente não tinha alma, não havia outra vida senão a vida sobre a terra. Infeliz de quem quisesse afastar-se do diabo. Seria surrado a golpes de nervos ressecados de boi, de modo tão impiedoso que se ressentiria disso por toda a vida." [13] Todas essas medonhas asneiras foram reconhecidas pelos acusados, imediatamente entregues ao braço secular para execução. Antes de morrer, porém, eles se retrataram publicamente. Diante dos murmúrios do povo de Arras, inquieto diante dessas últimas declarações dos mártires, a Inquisição reagiu publicando uma súmula de crimes atribuídos aos valdenses (*Recollectio casus status et condicionis Valdencium ydolatrum*). Foi pronunciado um sermão sobre esse assunto pelo magistrado de Tournai, Jehan

---

[13] Acusações resumidas por O. Cartellieri em *La Cour des Ducs de Bourgogne,* Payot, 1946, pp. 253-4.

Taincture, muito esclarecedor quanto às preocupações sociais da Igreja em face da feitiçaria pseudo-herética: "se a 'Vauderie', que é pior que a idolatria dos pagãos, mais ímpia que o pecado de heresia e que a descrença dos sarracenos, vier a se implantar, o Estado e a sociedade civil se afundarão; os maus usurparão os domínios senhoriais e os governos, e o santo povo gemerá e mendigará na desgraça (...) Suas guerras se multiplicarão neste reino, as pessoas se entrechocarão e procurarão mortos sobre mortos. Amigos e vizinhos se farão mal, as crianças se rebelarão contra os anciãos e as pessoas sábias, e os vilões se sobreporão aos nobres (...) e a abominável iniqüidade de Sodoma será como que justificada em comparação com essa desordem." Vê-se bem, por esse texto, que esse padre considerava — a exemplo dos feiticeiros alemães — o diabo como o grande servo revoltado, e os próprios feiticeiros como servos rebeldes. Efetuaram-se certas detenções em Arras e nos arredores. "As perseguições causaram prejuízos à vila de Arras: não se queria mais albergar seus comerciantes nem lhes conceder crédito com receio de que, acusados depois talvez de 'Vauderie', tivessem todos os seus bens confiscados." [14] Essas razões econômicas, mais a influência preponderante do duque de Borgonha, frearam sem dúvida a perseguição. Contudo, em 22 de outubro de 1460, um dos supostos feiticeiros, o cavaleiro de Beauffort, que, sem tortura, havia confessado tudo, provavelmente seduzido por algumas promessas, recebeu sete anos de prisão, o açoite e uma forte multa; e o almotacel Huguet Aubry foi condenado a 20 anos de prisão. A justiça fazia, portanto, distinção entre valdenses ricos e pobres hereges. Uma prostituta, Bellotte, foi libertada graças à intervenção de um nobre protetor. Um rico comerciante de madeira, "devorador de pobres", foi também libertado. Enfim, a 21 de maio de 1491, graças às múltiplas queixas das vítimas ou de seus parentes, e de numerosos processos, fez-se um novo julgamento, anu-

---

[14] J. Huizinga, *op. cit.*, p. 299.

lando todas as detenções anteriores e reabilitando os condenados. Todos já estavam mortos há muito tempo, salvo Huguet Aubry, que assistiu à cerimônia do dia 18 de julho de 1491, onde a sentença de reabilitação foi solenemente proclamada na presença de grande afluência do povo "em regozijo". Fazia 30 anos que o Abade de Pouco Senso, Jehan Lavite — que tão bem recitava nas quermesses suas baladas à Virgem concluindo: "Não desagrade a meu mestre" —, fora queimado no mesmo lugar onde o último sobrevivente, H. Aubry, assistiu ao triunfo do bom senso sobre as loucuras homicidas dos inquisidores de Arras.

Mas que dizer desse século XV, época louca — segundo Michelet —, na qual reinou um rei louco, onde o sobrenatural estava por toda parte, tanto nos palácios dos grandes como nas choupanas dos aldeões? Que dizer daquele padre, o irmão Richard, que, segundo o *Bourgeois de Paris,* em 1429, fez seus ouvintes ingênuos trazerem "as mandrágoras que muitos tolos guardavam em lugares seguros e tinham tão grande fé nessa sujeira que acreditavam firmemente ser verdade que, enquanto as guardassem, desde que estivessem bem asseadamente enroladas em belos tecidos de linho ou de seda, jamais em sua vida se tornariam pobres". [15] Como poderia ser de outro modo se Santo Tomás de Aquino havia dito: *"Omnia quoe visibiliter fuint in hac modo possunt fieri par doemones."* (Tudo que se faz neste mundo de maneira visível pode ser obra dos demônios.)

Mais de um século ainda se passara, assim louco e cruel, de quimeras diabólicas, antes que, destoando desse concerto aberrante de padres e leigos, um escritor pudesse lançar esta frase tão bela, verdadeiro antídoto contra toda a perseguição satânica: "Não se deve acreditar em todas as coisas que um homem diz, pois um homem pode dizer todas as coisas. Em um homem, só se deve acreditar naquilo que é humano." [16]

[15] *Le Bourgeois de Paris,* org. por A. Mary, p. 216.
[16] Cyrano de Bergerac, *Lettre contre les sorciers,* 1654.

capítulo V

A FEITIÇARIA NO SÉCULO XVI

Quando se fala no século XVI, recorda-se imediatamente o século da Renascença, o retorno às fontes antigas e à inspiração literária e artística pagãs. Isso já poderia explicar, em parte, a recrudescência da feitiçaria, por meio de uma retomada popular de crenças mortas, conforme atesta a morte de sete feiticeiros queimados em Nantes, em 1549, por terem escrito um livro destinado às Sibilas de Núrcia (em Sabina, perto de Roma). Mas haveria nisso somente uma lembrança do mago italiano Prélati, amigo de Gilles de Rais? O século XVI, porém, é também época de conturbações religiosas, de guerras civis, de sangue derramado e da morte vagando, violenta, em torno das criaturas. É, sem dúvida, o tempo em que foi mais terrível a perseguição contra a feitiçaria em todos os países.

Nicolas Rémy (1530-1612)

A Lorena atravessou então um período assustador de surtos maléficos. Remetemos, para maiores detalhes sobre esse assunto, aos notáveis trabalhos de M. Etienne Delcambre (ver a bibliografia resumida). A Lorena conheceu também, infelizmente para as vítimas, um temível caçador de bruxas: Nicolas Rémy, grande juiz de 1576 a 1591 e procurador geral da Lorena a partir dessa data. N. Rémy escreveu uma boa *História da Lorena,* erudita e de espírito bastante crítico. Foi também o autor da muito célebre *Demonolatria* (1595). Esse livro é um manual de juiz de feitiçaria, contendo detalhes extravagantes como este: "Jeanne quebra uma concha de caramujo e a transforma em pó. Por quê? Todas as ovelhas de Barbe, sua vizinha, morrem depois. É evidente que era para as matar que Jeanne preparava esse pó. Queime-se a feiticeira" (p. 145). Ou ainda, o que expressa a obsessão sexual desse terrível juiz: "Dominique Petrone acusa sua mãe de a ter levado às assembléias diabólicas quando ela mal tinha 12 anos. Lá, ela própria a teria jogado nos braços de um demônio súcubo" (p. 197). N. Rémy mandou para a fogueira perto de 3 mil feiticeiras e feiticeiros. Ele conta (p. 200) que poupou, um dia, crianças que haviam acusado seus pais de terem ido ao sabá. Mas mandou chicoteá-las nuas e fê-las rodar em torno da fogueira onde seus pais e suas mães acabavam de morrer queimados. Mesmo que isso seja apenas um reflexo atroz desse período bárbaro, N. Rémy parece-nos o tipo mesmo do recalcado sádico, intelectual e mais delirante que suas próprias vítimas.

Henri Boguet († 1619)

Mandou executar 600 feiticeiros e escreveu um famoso e sinistro *Discurso execrável dos feiticeiros* (1602). Grande juiz de Saint-Claude, no Jura, não é menos cruel que Rémy. Seu livro contém detalhes tais que seria de todo impossível citá-los atualmente. Compreende-se o desgosto de sua própria família, que mandou destruir o maior número possível dos terríveis discursos.

De Lancre e d'Espagnet

São juízes do parlamento de Bordéus. O primeiro é homem muito culto, músico e tão extravagante quanto seus colegas da Lorena e do Jura. Juntos aterrorizaram a região de Labourd em 1609. Essa área infeliz da região basca já havia conhecido a repressão em 1566 e 1596. A origem social da feitiçaria em Labourd é clara. A região havia sofrido, simultaneamente, as perturbações das guerras religiosas e dos flagelos naturais. Região de cidra, a maçã (que causou a infelicidade de Eva) desempenhou importante papel nos malefícios apontados nos acusados. Na região do porto de Bayonne, as feiticeiras — como aliás também na Inglaterra pela mesma época — comandam os ventos e fazem afundar os navios. Elas mesmas comparecem, ajudadas por Satanás, à Terra Nova, ou então dançam na praia de Hendaye, junto a monumentos megalíticos. O diabo aí aparece com duas faces, sobrevivência pagã do deus Jano, e os sacerdotes celebram a missa de cabeça para baixo. De Lancre conta todas essas loucuras em *Incredulidade e desconfiança do sortilégio* (1622), ou ainda em seu *Quadro da inconstância dos anjos maus e demônios...* (1613). Ele não enviou menos de 500 pessoas às chamas, especialmente moças muito jovens e crianças. Ousou escrever: "[Jeannette d'Abadie, 19 anos] confessou que, após o sabá, toda a assembléia partiu para o cemitério de Saint-Jean-de-Luz e de Siboro (...) para batizar os sapos (...) os quais (...) estavam vestidos de veludo vermelho e às vezes de veludo negro, com um guiso no pescoço e outro nos pés (...) o padrinho segurava a cabeça do dito sapo, e uma madrinha o segurava pelos pés, como se faz com as criaturas na igreja; e não soube identificar o padrinho, mas sim a madrinha, a filha da dama de Martisbelsarena, dama essa que ela viu dançar, no sabá, com quatro sapos, um vestido de veludo negro com guisos nos pés, e os outros três sem estarem vestidos, os quais ela carregava, a saber: o vestido sobre o ombro esquerdo, o outro sobre o direito e os outros dois em cada ponta como um pássaro."[1] O último detalhe é significativo: ele é simplesmente a imagem grotesca da caça senhorial ao falcão, praticada até hoje. Jeanette e os que ela denunciou foram, bem entendido, queimados vivos.

Se a Lorena, devastada pelas guerras de religião, esteve à frente de verdadeiras crises demonopáticas, da mesma forma que o Labourd, também o restante da França não deixou de ter outras terríveis manifestações. Entre centenas de exemplos que, por sua repetição de detalhes, seriam infinitamente monótonos, citaremos dois casos bem característicos das preocupações sociais dos acusados. Em 1598 o cura de Pageas em Limousin, Pierre Aupetit, que morreu queimado, declarou ter assistido ao sabá celebrado no cume de Puy-de-Dôme (ruínas de um templo de Mercúrio ainda encontradas atualmente). Ia-se ao sabá no momento em que se formava, no céu, uma nuvem na qual se refletia a sombra de um carneiro", imagem natural do *Agnus Dei,* que o infeliz conhecia bem. O mesmo via, ainda no sabá, o diabo na forma de "uma ovelha meio branca, meio negra", às vezes sob forma de "uma mosca". Em 1582 uma mulher chamada Gantière, condenada à morte em Paris, transmitiu-nos de maneira precisa suas preocupações fiscais, obsessão que a conduziu diretamente à fogueira: "o diabo lhe havia dado oito *sous* para pagar a *Taille,** mas, ao voltar para casa, ela não os encontrou mais dentro de seu lenço (...)". Nota-se bem a lembrança do sonho que se busca no estado de vigília e conduz à confissão fatal. Enfim, em Vesou, foram queimados, em 18 de fevereiro de 1610, os banqueiros italianos Manfredo Darlady e Fernando, filho do precedente, tidos como tesoureiros do diabo. À medida que avança o capitalismo, o aspecto social do Demônio se acresce de novos traços que simbolizam o novo poder do dinheiro: o diabo deve ter então seus tesoureiros. Mor-

1 *Tableau de l'inconstance,* p. 398.

* Imposto agrícola incidindo sobre os camponeses. (N. da T.)

reram assim os lombardos, detestados e denunciados porque eram ricos demais...

Os Surtos de Feitiçaria na Itália

A Corte romana preocupou-se vivamente com os crimes de feitiçaria, mas reservou os culpados à Justiça inquisitorial (bula de Júlio II de 1513, confirmada pelos papas Leão X e Adriano VI). Ao fim do século XVI Sixto V (1585-1590) lançou a bula *Coeli et Terrae*: "os feiticeiros (...) fazem aliança com a morte, um pacto com o inferno. Para descobrir as coisas escondidas, encontrar tesouros ou cometer outros crimes, fazem com o diabo um trato explícito (...) desenham círculos e outros caracteres diabólicos, invocam ou consultam os demônios, pedem-lhes ou deles recebem respostas, oferecem-lhe preces, fumaças ou vapores de incenso (...) sacrifícios, acendem velas em sua honra, fazem por eles um emprego sacrílego das coisas santas, dos sacramentos ou dos ritos sagrados (...) fabricam um anel, um espelho ou pequenos frascos, ou os fazem com a finalidade de encerrar os demônios, no que crêem para obter deles respostas aos pedidos feitos (...)". O papa em seguida põe no Índex certo número de livros de feitiçaria. Se muitos teólogos italianos crêem na realidade dos fatos demoníacos, tal como o inquisidor Bernard de Côme (1508), outros como o franciscano Samuel de Cassinis escrevem (1505): "(...) Os Inquisidores, mandando prender as pessoas que os feiticeiros acusaram de terem visto no sabá, pecam gravemente, pois é muito falso e impossível que eles as tenham visto realmente." Na verdade, a Itália teve muito poucos processos contra a feitiçaria, exceto no sul da península, região muito pobre. Roma tornou-se pouco a pouco livre desse flagelo.

Espanha

País onde a feitiçaria estava sujeita à Inquisição; há poucos processos a assinalar, exceto em Logrono, onde seis feiticeiros foram queimados em 1610.

Alemanha

Terra perturbada pelas infelicidades das guerras religiosas, e depois pelas revoltas camponesas, a feitiçaria e sua impiedosa repressão terão ali proporções maiores do que em qualquer outro lugar. Pode-se calcular o número de vítimas em mais de 30 mil, desde o início do século XVI até o fim do século XVIII. Em Bamberg, o paroxismo atingiu tal ponto que as prisões se tornaram insuficientes para alojar os demonopatas, construindo-se uma casa especial (*Hexenhaus* ou *Drudenhaus*) para encerrá-los. Muito ricamente decorada no exterior, essa casa abrigava simultaneamente 26 feiticeiras separadas umas das outras. No frontão da porta estava gravado um versículo da Bíblia: "Esta casa será um exemplo de minha justiça. Quem quer que passe defronte será tomado de espanto e dirá: 'Por que o Senhor trata tão duramente os habitantes desta casa?', e lhe será respondido: 'Porque eles abandonaram o Senhor seu Deus e seguiram os deuses estrangeiros.' " O Código da Feitiçaria, o *Malleus maleficarum* (O martelo das feiticeiras), foi redigido em 1487 por Sprenger, que ousara escrever: "A mulher é mais carnal que o homem, o que resulta da formação de Eva, pois ela foi formada de uma costela do peito do homem, que era contorcida, o que faz com que, sendo um animal imperfeito, esteja sempre mais sujeita às sugestões do demônio." A Alemanha esteve sempre sob a influência das velhas tradições do paganismo germânico. A viagem das feiticeiras pelos ares para o sabá não lembraria a cavalgada das Valquírias? Essa viagem mesma denominava-se *Hollenfurt* (corrida de Hollas, sendo esse nome uma corruptela do da mulher de Wotan, Holda ou Freya). O sabá ocorria na noite de 30 de abril para 1º de maio (*Walpurgisnacht*), em alusão às festas pagãs, ou ainda na noite de São João ou na de São Bartolomeu, mais freqüentemente nas noites de quarta ou de sexta-feira, cujas sobrevivências da Antigüidade já lembramos mais acima. O Brocken era a reunião favorita dos feiticeiros. A Dieta de Ratisbonne (1532) concluiu um estatuto de perseguição, intitulado *Caroline,* segundo o nome de Carlos V, seu autor. Confissões eram extraídas mediante tortura e, segundo o padre von Spee, "só havia, em toda a Alemanha, pilhas de madeiras flamejantes". O mesmo jesuíta escreveu também: "Juro, em nome de Deus, que não levei à fogueira nem um só feiticeiro que eu pudesse, em minha alma e sã consciência, afirmar que fosse culpado. E ouvi muitos teólogos dizerem a mesma coisa (...)." A perseguição não se tornou menos terrível. No Eleitorado de Trèves, onde havia grassado a guerra religiosa, 368 supostos feiticeiros morreram de 1585 a 1591, entre os quais altas personalidades, tais como o grande juiz Dietrich Flade, antigo governador-adjunto de Trèves. Em Bamberg, vila de feiticeiros, houve 600 vítimas de 1623 a 1630. Wurzbourg foi dizimada pelo bispo: 99 feiticeiros queimados em 1626, 159 de 1627 a 1629 e 299 depois. O massacre cessou somente quando o bispo, acusado de magia pelos suspeitos, fez uma prudente retirada. Em Fülda, os juízes, interessados em se locupletar dos bens dos condenados por decisão judiciária, enviaram ao fogo 300 pessoas de 1593 a 1606. Colônia queimou, indiscriminadamente, padres, cônegos, religiosos e mesmo jovens seminaristas. A municipalidade de Amorbach, após uma catástofre natural — uma geada sobre os vinhedos —, fez prender todas as feiticeiras da região como responsáveis pelo flagelo. Mas o bailio as fez libertar (1657). Na Silésia, em Neisse, a falta de madeira para alimentar as fogueiras obrigou a se encontrar um novo processo de execução: criaram-se fornos onde se fechavam os infelizes. Quarenta e duas mulheres ali pereceram, em 1651, de uma só vez. Milhares de outras mortes sucederam-se nos nove anos seguintes, dentre as quais as de crianças de dois a quatro anos. Em Salzbourg, misturaram-se com a feitiçaria casos de possessão diabólica, servindo a que o jesuíta Loper brandisse seus rancores contra os capuchinhos, por ele acusados de sortilégios (1656). Mais tarde, 97 feticeiras foram queimadas (1679). Em Lindehm, queimaram-se 30 de seus 540 habitantes. Em Saxe, o juiz Carpzow sozinho mandou executar 20 pessoas. Enfim, em Haumburg, cidade livre, queimaram-se feiticeiros até 1697; as perseguições continuaram depois, mas sem condenações à morte, até 1735. A última feiticeira alemã queimada foi a religiosa Maria Renata (Mossau, 27 de junho de 1749), denunciada à justiça por um certo número de religiosas histéricas de seu convento.

Suécia

Coisa curiosa, a Suécia teve apenas um surto de feitiçaria (1670). Nesse caso, a causa social era perfeitamente evidente: a servidão agravava-se e uma geada veio devastar as colheitas de Dalecarlia, região de florestas virgens, onde numerosas crianças se perdiam com bastante freqüência. Setenta mulheres foram presas em Mohra e acusadas de terem levado crianças ao sabá para sacrificá-las ao diabo. As crianças reconheceram mesmo ter ido a uma dessas reuniões diabólicas onde, fato único, Satanás estava doente e fez com que lhe colocassem ventosas. Os feiticeiros e 15 crianças acusadoras foram lançados às chamas; 36 outras mulheres e quatro crianças foram somente açoitadas.

Inglaterra

Terra propícia aos fantasmas, devastada pela guerra das Duas Rosas e atravessando, no século XVI, um vivo mal-estar econômico, a Inglaterra sofreu intensamente a crise demonopática ambiente. O primeiro estatuto contra a feitiçaria data de 1541, e as primeiras execuções, do reinado de Elizabeth I. País onde o mar desempenha importante papel na vida social, os feiticeiros eram particularmente acusados de comandar os ventos marinhos e fazer afundar as embarcações. Mas o século XVI não foi a grande época, se assim podemos exprimir-nos sobre tal assunto, da feitiçaria. Veremos que foi no século XVII que esse terrível flagelo constituiu uma das causas do sucesso político de Olivier Cromwell.

Rússia

Nossas pesquisas foram pouco frutíferas sobre esse país. A feitiçaria lá existiu, certamente, com um caráter particularmente sinistro, no qual desempenhavam papel muito importante, nos diferentes sortilégios, os cadáveres de animais e de homens. Não conhecemos nenhum caso preciso de um processo, mas sabemos somente que os feiticeiros eram queimados vivos em gaiolas de ferro, onde eram encerrados junto com gatos. Tais execuções tiveram lugar em Moscou em fins do século XVI. Os feiticeiros eram pastores e ferreiros, como freqüentemente acontecia em outros países. No século XVI o camponês russo é ainda um homem livre. A servidão virá dominá-lo um pouco mais tarde. Isso explica o agravamento posterior da feitiçaria na Rússia, e as perseguições que se exercerão contra ela. A causa social da feitiçaria confirma-se assim, mais uma vez, de maneira flagrante.

capítulo VI

A FEITIÇARIA NO SÉCULO XVII

O século XVII, freqüentemente denominado o século da Razão, pelo menos quanto à França de Luís XIV, viu desenvolver-se um grande número de casos demoníacos e de processos de feitiçaria. Foi sem dúvida, juntamente com o século XVI, a época de mais intensa repressão desse flagelo. Isso porque o século XVII foi tempo de guerras civis e estrangeiras, decorrentes da miséria. O "grande servo revoltado", como as feiticeiras alemãs denominavam o diabo, devia então encontrar seus melhores servidores. Todos os países da Europa atravessaram surtos de feitiçaria. Na França, onde ela atingiu seu mais alto grau com o caso dos Venenos, sob Luís XIV, não poupando qualquer classe social, a feitiçaria reveste-se de um caráter inédito, muito particular. Com efeito, as feiticeiras misturaram às suas invocações ao demônio preces cristãs, para não assustarem seus nobres clientes, inquietos de se entregarem ao diabo e preocupados em não comprometerem exageradamente a sua salvação eterna. Esse é um aspecto todo novo da questão, que, até onde sabemos, não foi ainda sublinhado.

O Diabo nos Conventos

Não é nosso propósito relatar aqui longamente os casos corcernentes ao "diabo nos conventos" durante o século XVII.

Além do pouco espaço de que dispomos, essas histórias diabólicas resultam mais de casos de "possessão" e "diabruras" do que de feitiçaria propriamente dita. Vamos contentar-nos em esboçar os casos mais conhecidos, acentuando o que disser respeito ao nosso tema.

O refluxo ocorrido na Europa devido à Contra-Reforma, após o Concílio de Trento, contribuiu para povoar enormemente os conventos, sobretudo de mulheres. Essa concentração de pessoas, com freqüência muito jovens, resultou na criação em estufa de fantasmas da ordem pseudomística ou verdadeiramente demonopática. Nesse caso, o delírio onírico, a histeria e uma certa inteligência para atrair sobre si a atenção alheia desempenharam o papel mais importante.

O Caso Gaufridi

Em 1609 duas religiosas de Aix, Madeleine de Mandol e Louise Capel, tomadas de convulsões, acusaram um padre de Marselha, Louis Gaufridi, de tê-las enfeitiçado, enviando-lhes os diabos Belzebu, Verrine e Leviatã. Madeleine também acusou Gaufridi de ter abusado dela com a idade de nove anos, o que mostra mais uma vez que o erotismo se mistura sempre com esse tipo de caso. As duas religiosas foram, após vários exorcismos inúteis, levadas ao R. P. Michaëlis, inquisidor para o Condado Venaissino, que as exorcizou na gruta de Sainte-Baume (à qual se liga certo número de lendas relativas a Hiram e, portanto, fontes de ritos esotéricos de Aprendizado). Gaufridi foi acusado por essas duas moças de tê-las conduzido ao sabá, onde o padre rezava a missa infernal diante de Satanás em pessoa, presente na forma de um cão dogue. Gaufridi, após o relatório do inquisidor ao presidente do Parlamento, foi preso e torturado. É claro que se confessou feiticeiro, e foi queimado em Aix a 30 de abril de 1611. Suas acusadoras desapareceram da cena histórica, onde desempenharam um papel deveras abjeto. Sabe-se que Madeleine de Mandol morreu na prisão de Avinhão depois de 1653, acusada por sua vez de feitiçaria. Tanto é verdade que a loucura humana cria outras demências. Podemos apenas lamentar essas infelizes débeis mentais.

O Caso Loudun

É o protótipo do caso de possessão demoníaca que a boataria popular enfeita, se assim se pode dizer, de feitiçaria, e da qual se apropriam, por sua vez, as ordens religiosas interessadas e o poder político que condena, na pessoa do diabo e de seus pretensos prepostos, seus próprios adversários. O partido da Razão era representado em Loudun pelos protestantes. A cidade possuía, além disso, um torreão que podia servir de base para uma revolta feudal contra a monarquia. Carmelitas, capuchinhos e franciscanos, muito bons monges, disputavam entre si essa pequena cidade, onde vivia um padre inteligente, irônico e orgulhoso, Urbano Grandier. Ursulinas, um tanto jovens, viviam igualmente em um mosteiro de Loudun. O Sr. Richelieu, bispo de Luçon, já havia tido, em um dia extremamente desagradável para ele, que ceder lugar, em uma procissão em Loudun, ao padre Grandier. Monsenhor de Luçon, posto que padre e logo depois cardeal-ministro, não perdoava absolutamente as ofensas. Ele tinha uma memória prodigiosa. Em torno dessa cidade de 20 mil habitantes se estendia um campo miserável. Numerosos feiticeiros chamavam o Grande Bode Negro. Ademais, os feitos de Madeleine de Mandol e dos capuchinhos de Aix tornaram-se rapidamente conhecidos — e invejados — em todos os conventos da França. Todas as circunstâncias favoráveis a um grande processo de feitiçaria encontravam-se reunidas em Loudun. O padre Grandier aí perdeu a vida. Homem inteligente e muito bonito, Grandier seduzira muitas moças da cidade. Por outro lado, Grandier comprazia-se em satirizar, de seu púlpito, os carmelitas, capuchinhos e franciscanos de Loudun. Estes conseguiram interditar Grandier da diocese por cinco anos; mas em 1631 a punição foi relaxada. Foi então que em Loudun — no momento em que o adversário dos religiosos triunfava — se ouviu falar de possessões demoníacas no convento das ursulinas. Uma multidão de exorcistas compareceu ao convento, onde naturalmente as possuídas acusavam à vontade Grandier de feitiçaria. Foi em 1632, época em que o cardeal decidira demolir o Castelo de Loudun, o que desagradava intensamente aos protestantes e a certos papistas, entre os quais Urbano Grandier. Richelieu enviou a Poitou o comissário Laubardemont, caçador de bruxas do sul da França. No ano seguinte imprimiu-se na vila um panfleto, *A sapateira de Loudun,* ofensivo aos olhos de Richelieu, Suspeitou-se de que Grandier tivesse sido o autor. Laubardemont, autorizado pelo cardeal, mandou deter Grandier (30 de novembro de 1633). Os juízes procuraram em seu corpo o estigma diabólico. Depois, se encontraram os pactos assinados por Grandier com o diabo, "o primeiro de cinza, de vermes, de pêlos e de unhas de algum corpo humano e levado por Asmodeu para o exorcismo de 15 de maio; o segundo de sangue, de uma matéria acinzentada (...) o último, de três marcas de sangue, segundo a aparência do papel, e de oito caroços de laranjas". [1] Grandier foi queimado em 18 de outubro de 1634. Sem dúvida, antes da fogueira, haviam-lhe prometido as graças: "Quando o viram bem amarrado à estaca e o fogo pronto para envolvê-lo bruscamente de chamas e de fumaça, um monge, seu próprio confessor, sem esperar o carrasco, pôs fogo à pilha. O pobre amarrado não teve senão tempo de dizer: 'Ah, vocês me engana-

---

1 Citado por T. de Cauzons, *La Magie et la sorcellerie en France,* T. III, pp. 212-3.

ram.' Mas o turbilhão de chamas se elevou junto com a fornalha de dores (...). Ouviram-se apenas seus gritos." [2]

O Caso Louviers

Casos de possessão semelhantes aos de Loudun produziram-se em um convento de franciscanos de Louviers, no ano mesmo em que se condenava Grandier em Poitou. Os exorcismos começaram trazendo, como de hábito, uma recrudescência das possessões demoníacas. Os capuchinhos entregaram-se a esses trabalhos com seu zelo costumeiro. Uma das possuídas, Madeleine Bavent, foi acusada de ter sido a autora dos malefícios. Os demônios designaram-na com seus cúmplices: David, antigo diretor de consciência das freiras falecidas, e Picard, atual confessor das religiosas. Um vigário, Boullé, foi igualmente acusado de se ter entregue ao sabá. O bispo de Rouen condenou Madeleine Bavent à prisão perpétua e fez desenterrar e jogar em uma fossa de excrementos o corpo de Picard, morto recentemente (12 de março de 1643). Grande número de curiosos afluiu ao convento diabólico de Louviers, enquanto os pais de Picard pediam justiça. A corte de Rouen interveio em último recurso; e a 21 de agosto de 1647 decidiu que o vigário Boullé seria queimado junto com o cadáver de Picard, guardado desde a sua exumação, em 1643, em um cofre e posto sob custódia nas prisões de Louviers. Uma antiga religiosa de Louviers, acusada de feitiçaria pelas freiras, foi também condenada em Rouen, mas libertada em 1654.

Todos esses casos, e mais o de Auxonne (1658), não participam da feitiçaria senão porque as grandes histéricas que se dizem possuídas pelo demônio enviam para a fogueira certo número de vítimas escolhidas para a sua vingança, ou a de certos

---

2 J. Michelet, *La Sorcière,* p. 264.

poderosos personagens. O caso de Elisabeth de Ranfaing, menos conhecido, não é por isso menos espantoso.

Elisabeth de Ranfaing, chamada a Energúmena de Nancy

Um excelente estudo de E. Delcambre e J. Lhermitte[3] define, de uma vez por todas, os traços cruéis dessa mulher nascida de pais desequilibrados e ela própria afetada por obsessões sexuais características. Elisabeth, casada com um soldado mercenário, muito mais idoso do que ela, teve de seu esposo seis filhos em seis anos. Cedo se tornando viúva, parece ter sofrido o reflexo de Diana: frigidez, ao mesmo tempo que desejos sexuais exarcebados e reprimidos. Por ocasião de uma peregrinação a Remiremont, um médico chamado Poirot lhe dirigiu — ou pelo menos ela assim pensou — alguma atenção. Na realidade, não parece que Poirot lhe tenha prestado atenção, embora ela fosse uma mulher muito bela. Isso foi a perdição de Poirot. Elisabeth tornou-se religiosa, fundadora da Ordem do Refúgio em Nancy, e se sentiu possuída pelo demônio. Poirot, por ela acusado de feitiçaria, foi queimado em 1621. Com essa semilouca, multiplicaram-se os fenômenos de xenofonia e levitação. Os exorcismos aumentaram as crises de histeria, e os jesuítas, patronos espirituais de Elisabeth, dela se serviram para tentar destruir seus adversários, os capuchinhos de Toul. Mas estes últimos apelaram para Roma e os jesuítas perderam a partida. Parece que Elisabeth morreu de mágoa. Em todo o caso, chegou a fazer sua vítima, o infeliz médico Poirot.

3 *E. de Rainfaing ...*, Nancy, 1956.

A Feitiçaria no Tempo de Luís XIII (1610-1643)

O reinado de Luís XIII foi fértil em processos de feitiçaria. O Parlamento de Bordéus condenou ao fogo 120 feiticeiros em 1630. Os juízes de Orléans condenaram 17, todos mais que semiloucos (1615-1616); um dentre eles tinha 77 anos. O Parlamento de Rouen também não descansou, condenando muito especialmente os pastores, profissão que, em todos os tempos, foi considerada maléfica. Esses, em Normandia, eram qualificados como "pequenos feiticeiros", sem dúvida, porque declaravam não comparecer senão aos "pequenos sabás", isto é, fora dos dias tradicionais e sem que o diabo estivesse presente à cerimônia. Em 1618 o bailio de Londinières mandou prender oito; o de Neufchâtel, 15 (1638). Mas em 1649 oito pastores de Fréauville apelaram de uma sentença de morte ao Parlamento de Rouen, que se contentou em bani-los por seis anos. Em 1642 um caçador de tesouros, sem dúvida um mineralogista experimentado, o barão de Beausoleil, e sua mulher foram trancados por toda a vida na Bastilha; e lá morreram assistidos por Saint-Cyran, o que não era para comover os juízes pela sua sorte. Em 1644, tendo uma geada devastado a Borgonha, o próprio povo, em seu excesso de miséria, e excitado ao ódio por um jovem pastor, capturou pretensos feiticeiros. Estes morreram de pancadas ou foram afogados. A Terra Abacial de Luxeuil também teve um número muito grande de casos de feitiçaria. A feitiçaria já tivera seus grandes dias em 1529, com o Processo Inquisitorial de Desle la Mansenée. Quase 70 processos de feiticeiros passaram pela justiça de 1620 a 1630. Houve grande número de sentenças de morte.

Vimos mais acima (Parte I, Capítulo II) as causas sociais desse surto de feitiçaria, e o próprio nome do Bosque do *Servo*, onde se fazia um dos sabás da região, é uma preciosa indicação disso, da mesma forma que as áreas orientais de bosques assistiam ao maior número de assembléias demoníacas noturnas. Enfim, os cultos célticos de Sirona e Brícia, divindades das fontes, asseguravam, em face do poder eclesiástico detestado, a permanência de uma tradição pagã desaparecida, em oposição à religião católica dominante.[4]

Os Grandes Dias da Feitiçaria na Normandia: O Caso Méautis (1661-1672)

Trata-se de um surto de feitiçaria que se desenrolou no Cotentin na segunda metade do século XVII. O importante aqui são menos os detalhes — sempre muito semelhantes nesse tipo de caso — do que a conclusão, que, para os acusados, não foi mortal como de costume. Um médico de Saint-Lô (Mancha), Marquier, acusado por seus clientes, loucos ou alucinados, foi, com sua filha, condenado à morte pelo bailio. Eles recorreram ao Parlamento de Rouen, que comutou a pena de morte em banimento (1663). Como sempre, esse primeiro caso desencadeou outros. Em 1669 foram presos, na mesma região, dois homens, chamados Ernoul e Charles Barneville, que denunciaram um número imenso de pessoas. Os depoimentos dos acusados são inteiramente extravagantes. Moças viam crianças feiticeiras descerem de suas chaminés; Jeanne Le Boulanger declarou ter visto nos ares "diversas pessoas nuas", Michel Marais (de Laye-du-Puits, Mancha) viu dançarem na charneca de Méautis 200 pessoas também nuas; Isaac Marais viu, em um quarto, "uma quantidade de pessoas nuas, com velas negras e um bode no meio"; Jean Le Cousteur viu, no sabá de Etanclin, certo número de padres (muitos eclesiásticos foram postos na prisão); os feiticeiros, segundo Jacques Le Gastelois, vinham à oferenda da missa sabática, "e um, por não ter vindo bastante rapidamente, recebeu uma bofetada com a pátena: "Aproxime-se, tratante." Seiscentas prisões foram efetuadas, 34 acusa-

[4] Cf. F. Bavoux, *Hantises et diableries dans la Terre Abbatiale de Luxeuil,* Mônaco, 1956.

dos, entregues à justiça do bailio, que condenou 12 deles à fogueira. O Parlamento confirmou as penas; mas, mediante recurso ao rei Luís XIV, cassou a sentença e se contentou em mandar banir os feiticeiros da província da Normandia (1672). Essa é a grande mudança na história da feitiçaria na França. A justiça real, pela primeira vez, anula uma sentença de morte em matéria de satanismo e revê o primeiro julgamento. E ainda mais: Colbert proíbe os tribunais de aceitarem acusações de feitiçaria (1672). O Parlamento de Rouen não se conformou, apresentando suas objeções ao rei. Este último foi mais longe, o que não quer dizer que os processos de feitiçaria e as condenações à morte tivessem terminado na França a partir dessa data, mas sim que começaram a diminuir. Em todo caso, o embargo real de 1672 é o sinal precursor da Grande Ordenação (julho de 1682) sobre os sortilégios, que veremos mais adiante. Com razão, Michelet sublinha, em *La Sorcière* (p. 284): "O Parlamento [de Rouen em 1672] reclamou e muito bem argumentou que, negando-se a feitiçaria, comprometem-se também muitas outras coisas. Duvidando-se dos mistérios de baixo, abala-se, em muitas almas, a crença nos mistérios do alto."

O Caso Hocque (1687-1691)

A história do pastor Hocque corresponde a "uma operação de magia encantatória transcendente (. . .) que denota, por parte de seu autor, se não elevados conhecimentos de magia, pelo menos a posse de segredos formidáveis, por mais debilitada e desnaturada que seja a sua essência entre ignorantes, que não os recebem senão ao cabo de uma longa, vaga e infiel tradição". Deixaremos de bom grado com C. Lancelin [5] a afirmação acima

5 *La Sorcellerie des campagnes,* pp. 101-2.

quanto aos poderes reais dos feiticeiros, para sublinharmos a diferença entre, de um lado, a elevada ciência da magia e feitiçaria e, de outro, a vulgarização dos preceitos da magia entre os feiticeiros no campo, conforme ocorre no caso do pastor Hocque no século XVII. Um feitiço fora lançado sobre a senhoria de Pacy-sur-Eure e o pastor Hocque, condenado por sortilégio, foi enforcado e queimado (1687). Mas o Parlamento, dando provas a partir de 1672 e sobretudo depois da Ordenação Real de 1682, de um julgamento mais esclarecido, comutara o primeiro veredicto em pena de galés, do que resultou encontrar-se Hocque na prisão de Tournelles, em Paris, aguardando sua partida para uma prisão do litoral. Haviam colocado junto dele um alcagüete de nome Béatrix que, com a ajuda de algumas garrafas de vinho, soube soltar-lhe a língua. Hocque contou que havia enterrado em Pacy-sur-Eure, dentro de uma cavalariça, um pote contendo "uma carga de veneno mágico, denominada os nove conjuros". Segundo Hocque, só um pastor de Borgonha, chamado Bras-de-Fer, poderia livrar o gado desse feitiço. Béatrix, o alcagüete, preveniu o senhor de Pacy, que chamou o feiticeiro borgonhês até sua casa. Este último, pelas indicações do alcagüete, desenterrou o "feitiço" e o destruiu "por meio de figuras e atos ímpios execráveis", "mas no momento [Bras-de-Fer] demonstrou grande arrependimento por isso, e que o espírito lhe havia revelado que tinha sido Hocque quem fizera o dito feitiço, e que morreria a seis léguas de Pacy a partir do tempo em que tivesse retirado o feitiço (sem saber que Hocque estava em Paris, na prisão). O que veio a se provar verdadeiro (. . .)". Com isso, Bras-de-Fer foi preso pela Justiça, assim como os dois filhos e a filha de Hocque e mais dois outros pastores. Estes últimos morreram na fogueira; as crianças foram somente banidas por nove anos. O Parlamento de Paris confirmou essa sentença, ainda muito cruel, em 18 de dezembro de 1691. A Ordenação de 1682, recebia, como se vê, poucas aplicações.

Inglaterra

A feitiçaria, já importante nesse país no século XVI — embora se amenizando um pouco ao fim do reinado de Elizabeth —, ressurgiu mais forte após 1610. O fenômeno teve uma influência considerável sobre a Revolução Inglesa de Cromwell. Pode-se mesmo dizer que existe uma relação política real entre as causas da Revolução da Inglaterra, e portanto o sucesso de Olivier Cromwell junto ao povo inglês, e os surtos de feitiçaria. Isso foi demonstrado por R. Trévor-Davies[6] e retomado com muita perspicácia por P. O. Lapie.[7]

Em 1612 dez feiticeiras foram queimadas em Lancashire e cinco em Northampton. Desde essa época, nasceu uma exploração da credulidade pública: a profissão de caçador de bruxas. No condado de Essex, um certo Matthew Hopkins alcançou, nesse gênero, uma reputação bem sinistra: segundo dizia, com exagero, teria enviado à fogueira perto de 200 pessoas, embora as estatísticas sobre as execuções o contradiga formalmente. Pois nisso residiu o imponderável sucesso da Revolução Inglesa: os Stuart não acreditavam em feitiçaria e reduziam ao mínimo as perseguições contra ela. Ao contrário, os calvinistas, os presbiterianos e os puritanos consideravam os feiticeiros como os melhores servidores do diabo. Naturalmente, para eles, os ritos da Igreja Romana não eram mais que cerimônias demoníacas. É incontestável que o povo inglês, compartilhando dessas últimas teorias, preferisse Cromwell a Carlos I. Segundo P. O. Lapie, foi em 1619 que Jaime I, até essa data grande caçador de bruxas, mudou de opinião,[8] sem dúvida sob influência da leitura dos *Ensaios* de Montaigne traduzidos por Floris, um de seus cortesãos, e também das obras de Francis

---

6 *Four Centuries of Witch Belief*, Methuen, Londres, 1947.
7 *Cromwell*, Flammarion, 1949, pp. 107-22.
8 *Loc. cit.*, p. 110.

Bacon. As influências secundárias que atuaram sobre a opinião do rei foram a ofensiva religiosa contra o calvinismo e o desenvolvimento dos estudos biológicos com Harvey. Sob Carlos I, que continuou a obra compreensiva e humana de seu pai, o arcebispo Laud censurou ou proibiu todas as obras publicadas contra os feiticeiros. No início da Revolução da Inglaterra, os processos de feitiçaria — apesar da opinião britânica — praticamente já não existiam (nenhuma feiticeira foi supliciada entre 1618 e 1642). Mas o novo ditador da Inglaterra tinha idéias bem diferentes dos Stuart sobre esse assunto. Uma de suas ancestrais, sua avó *lady* Cromwell, morrera em conseqüência dos malefícios de uma feiticeira em 1590, em Woarboys. Essa feiticeira, Alice Samuel, com sua filha e seu genro, seus cúmplices, foi por essa razão, enforcada a 5 de abril de 1593. A infância de Cromwell foi embalada no estribilho dessa terrível história, que dera origem, em Hutingdon, a uma cadeira universitária de feitiçaria, confiada a Thomas Beard, amigo íntimo do futuro "Protetor". Do mesmo meio que Cromwell e completamente imbuído de idéias atrasadas sobre o poder sobrenatural das feiticeiras, até o escritor John Milton se situa entre seus mais encarniçados perseguidores. Por essas razões, o exército dos Cabeças Redondas perseguia inexoravelmente a feitiçaria, e Cromwell protegeu o fanático Hopkins que citamos acima. "A repressão da feitiçaria aumentou durante a República, enquanto Cromwell tinha todo o poder. Adicionalmente, a censura de Cromwell autorizou, em grande escala, a publicação de livros e brochuras tratando desses malefícios, em particular o *Antídoto contra o ateísmo* de Henry Moore."[9] A crença do Protetor da República inglesa nesses atos demoníacos teve igualmente influência sobre ele mesmo e sobre seu próprio caráter. Sua *melancolia* profunda, até mórbida, pode-se explicar assim. Não foi seu médico Mayerne quem escreveu: "A melancolia é o trono, o banho e o reino do demônio"? Aparições

---

9 P. O. Lapie, *loc. cit.*, pp. 118-9.

produziram-se à cabeceira do ditador em sofrimento. Essa neurose tornou, portanto, mais altas as fogueiras na velha Inglaterra. Muito mais ainda: após sua vitória em Naseby, ele mandou marcar no rosto — segundo o costume dos caçadores de feiticeiras — 120 mulheres do exército real suspeitas de malefícios. O espírito recua de pavor diante da crueldade inepta desse grande chefe de guerra e gênio político. Mas não seria Cromwell nesse aspecto bem o reflexo de seu tempo, a expressão viva e atuante da rudeza ignorante de seus contemporâneos? Nesse ponto, o progresso mental dos Stuart e sua humana razão haviam perdido a partida diante da diabólica bestialidade de Olivier Cromwell. O Stuart restaurado em 1661, Carlos II, mais prudente em não sofrer o mesmo destino de seu pai, fez grandes concessões ao povo, o que se traduziu em uma recrudescência da perseguição à feitiçaria até o fim do século XVII. A feitiçaria extinguiu-se pouco a pouco, sobretudo devido à suspensão das perseguições. É interessante notar, a propósito disso, o que dissemos antes a respeito da cidade de Huntingdon, isto é, que foi nesse lugar que, ainda em 1716, um homem e sua filha de apenas nove anos foram enforcados sem processo por uma multidão fanatizada contra os feiticeiros. As lições de Thomas Beard, professor de feitiçaria, ainda davam seus frutos trágicos, como se vê, à árvore da Justiça...

As Feiticeiras de Salém (Nova Inglaterra)

Em 1620, na ingrata Costa Leste da América do Norte, desembarcaram de um navio, o *Mayflower,* homens vestidos de negro. Nessa nova terra batida pelos ventos e coberta de florestas inquietantes, iam com a pistola em uma das mãos e a Bíblia na outra. Eram os puritanos da Inglaterra, perseguidos por Jaime I Stuart e expulsos das Províncias Unidas, já semicartesianas, onde haviam pretendido fundar um reino de Deus segundo a sua alma, isto é, sem alegria e sem amor. Nos escritos de Calvino, que será que liam e reliam esses pioneiros em sua fé inquieta e desolada? "O diabo tomará posse do mundo, até a sua derrota por Cristo; os maus são os filhos de Satanás, degenerados à sua imagem", ou ainda em seu livro, a Bíblia: "Não permitirás que um feiticeiro viva" (Êxodo, 22-18). Eles desbravavam um solo pedregoso, enquanto bosques espessos e escuros cercavam de muito perto seus campos arduamente semeados. O vento cruel do inverno, soprando pelas chaminés das cabanas, embalava suas leituras sagradas, repletas de temor a Deus e das maldições do Eterno contra os maus. Bem perto deles, se estendia o reino pleno de árvores. O velho provérbio dos pioneiros bem dizia: "Onde começa a floresta, começa o índio. Onde começa o índio, começa o inimigo." A floresta, percorrida pelos índigenas, era para eles o reino do diabo. Entretanto eles utilizavam como empregadas domésticas as mulheres indígenas, que tentavam, com suas prédicas veementes, arrancar do poder do demônio. Ciosos de sua própria salvação, proibiam as bebidas fortes e os jogos de azar. E a carne era para eles a abominação. Esses homens e mulheres duros e puros tiveram filhos. Estes seres jovens cresceram com os corpos vestidos de negro, estiolando-se nos constrangimentos carnais que a dura lei dos puritanos lhes havia imposto. Seus corpos eram mais robustos que os de seus pais, pois eles haviam nascido em um meio onde a soberana natureza era mais forte e mais livre que as escuras e sujas ruas de Londres ou Haia. Daí resultou todo o mal. E os processos de Salém são a imagem atroz das obsessões exportadas do Velho Mundo semeando a Nova Terra americana. Além disso, a evolução social precipitou-se. No início da ocupação inglesa da Nova Inglaterra, como bem observa M. Soulié, [10] achava-se em presença "de um sistema social (. . .) de ideal comunista. Pastagens e prados eram comuns; cada colono tinha um acre de terreno cujo produto

---

10 *Les Procès célèbres des Etats-Unis,* Payot, 1932, pp. 9-28.

lhe pertencia, mas que não podia vender" (p. 11). Depois a teocracia local veio a hierarquizar a sociedade, e a igualdade original desapareceu, trazendo, com a aplicação das leis intolerantes dos puritanos, a inveja e o ódio. O conjunto desses fatores provocou a execução de quatro supostas feiticeiras em 1645. Em 1688, após uma fútil discussão de interesses, uma lavadeira, a Glower, insultou uma de suas clientes, a Goodwin. Um filho desta última, tendo assistido à cena, muito violenta, foi tomado de convulsões. A Glower, acusada prontamente de malefícios, foi presa (ela era irlandesa e católica, o que lhe valeu naturalmente o ódio da religião puritana dominante no lugar). A infeliz foi conseqüentemente executada. Em 1692, na casa do pastor de Salém, Samuel Parris, dez moças foram tomadas de convulsões e se entregaram a atos insensatos e aparentemente obscenos. A ama indígena de uma delas, isto é, da filha do pastor Parris, propôs um remédio mágico que foi aceito de comum acordo. Posteriormente Elizabeth Parris acusou a índia de sortilégio; e a infeliz, ao ser presa, fez, com muita inteligência, a contrição de seus pecados, o que a salvou da fogueira. Tomando gosto por esse início, as "Garotas de Salém" prosseguiram em suas acusações contra muitas pessoas. A essas jovens, provavelmente impúberes, se juntou uma histérica rica, Anne Putman. Mais de 200 pessoas foram presas como culpadas de feitiçaria. A novidade da feitiçaria de Salém repousava simplesmente no seguinte: as denunciantes viam aparecer durante a noite o espectro daqueles que elas denunciavam, os quais forçavam-nas a escrever seus nomes no livro de Satanás". [11] Vemos, já nesse caso, surgirem os prolegômenos do que se passaria, nessa mesma terra americana, com a família Fox em 1847. [12]

---

11 M. Soulié, *op. cit.*, p. 17.

12 Cf. Yvonne Castellan, *Le Spiritisme*, Collection, "Que sais-je?", n.º 641, PUF, 1954.

À feitiçaria se misturam em Salém casos de possessão pseudodemoníaca. Dezenove pessoas foram enforcadas. No mês de abril de 1694, aproximadamente 150 acusados foram presos mas o governador Philipps os pôs em liberdade. Assim terminou o caso de Salém.[13] Uma manifestação diabólica que não teve qualquer conseqüência judiciária — embora grave — produziu-se ainda na Nova Inglaterra, em Boston, em 1694. Foi a última. Com efeito, terminava o século XVII, e a marcha dos canadenses franceses para além dos Alleghanys iria inquietar os colonos ingleses da América do Norte. Da luta contra os franceses nasceriam a Independência e a União americanas. Os feiticeiros puderam dormir tranqüilos: não se perseguiriam senão os caçadores franceses e os soldados do rei Luís XV.

O Caso dos Venenos

Esse caso, praticamente não elucidado, é sem dúvida um dos imponderáveis do reino de Luís XIV. É uma espécie de compêndio de todas as práticas de feitiçaria e de magia utilizadas na época. Grandes senhores encontram-se misturados a burgueses, escritores, pessoas de qualidade e pessoas de baixa condição social. "Preces, novenas, missas, círios, sapos, víboras, dedos de enforcados, ervas venenosas, arsênico, mãos de supliciados na roda, vidros onde se vêem as figuras desejadas, pedra filosofal, mercúrio, gordura de enforcados, sangue menstrual, urina de mulheres, sapatos, lenços, luvas, flores, camisas ou copos envenenados, topeiras ou pombos queimados, círios negros e brancos, objetos bentos, hóstias consagradas, óleos santos, conjuros em linguagem barroca, figuras de cera batiza-

13 As feiticeiras de Salém foram reabilitadas pelo Parlamento do Estado de Massachusetts em 1957.

das ou não, consultas aos espíritos, evocação de demônios, cadáveres de crianças recém-nascidas, homicídio de crianças, ossos de mortos, pactos com demônios, horóscopos, todos os ingredientes, todas as práticas, enfim, da feitiçaria, antiga encontram-se fundidas no sinistro caso dos venenos (...)."[14] O lado criminal dessa história não é absolutamente relevante para o nosso propósito, mas devemos extrair do caso o que diz respeito à feitiçaria. É bem evidente que o contexto social deve ser examinado. A partir de 1661, Luís XIV jugula o poder dos grandes senhores. Se é certo que se divertem na Corte, não é menos verdadeiro que os grandes perdem sua liberdade, presos na cadeia dourada das pensões reais junto ao trono do príncipe. Eles resmungam e ruminam suas esperanças de revolta e de independência perdida. Os desejos eróticos misturam-se, em seus espíritos, às ambições reprimidas. A Igreja não lhes dá, através das prédicas de seus oradores, solução senão por meio de uma vida obediente e calma diante do trono e do altar: "Meu reino não é deste mundo." Os feiticeiros propõem-lhes a realização de todos os seus desejos, até sortilégios mortais contra a pessoa mesma do rei. Se os libertinos apregoam suas idéias ateístas — um pouco menos que no período precedente —, não é menos certo que sua libertinagem toma freqüentemente o aspecto de uma blasfêmia e por isso se torna uma afirmação do Deus que eles combatem. Entre os clientes de feiticeiros encontram-se alguns desses curiosos libertinos. Por outro lado, a França está saindo das conturbações da Fronda arruinada. Bossuet prega uma quaresma sobre a miséria. Revoltas rurais multiplicam-se por toda parte. As guerras, além da passagem das tropas, acrescentam o peso do fisco, já grave. O sabá, como outrora, consola os miseráveis. A feiticeira torna-se multivalente nesses tempos perturbados. Ela será bruxa e proxeneta, abortiva e criminosa. E sobe de posição! Vinda de sua província para Paris, torna-se conselheira das grandes da-

[14] T. de Cauzons, *op. cit.*, T. III, p. 280.

mas e dos fidalgos. Substitui, na corte, o mago de outrora, que se dedica cada vez mais à pesquisa especulativa. Personagens monstruosos aparecem, sobretudo padres malditos, pois a Igreja também está em crise, com o jansenismo atacando pelos flancos. Era feiticeiro o capuchinho Gérard, que preparava tão bem os venenos em Saint-Germain, em Laye. Feiticeiros eram os abades Olivier, Catton, Dulaurens, Rebours, Toumet, Lépreux. Também feiticeiro o religioso Gabriel. Feiticeiro o abade Lemaignan, que imolava crianças ao diabo. Feiticeiro o inquietante subdiácono Sebaud,[15] que celebra a missa negra sobre o corpo desnudo de sua amante. Feiticeiro foi principalmente o terrível abade Guibourg, "vesgo e velho", a alma danada de todo esse caso. Feiticeiro normando e astuto foi o pastor Lesage. Feiticeira espantosa, ambiciosa, enganosa, solene em seus propósitos, desafiadora em suas ações, prudente em seus sortilégios contra o rei, hábil com os grandes, caritativa com os pequenos, sempre cercada de tonsurados furtivos e satânicos, foi a Voisin, rainha das feiticeiras.

> Uma mulher, em Paris, fazia-se de pitonisa;
> Consultavam-na a cada acontecimento:
> Perdia-se um lenço, tinha-se um amante,
> Um marido vivendo por demais sob ordens da esposa,
> Uma mãe aborrecida, uma esposa ciumenta,
> Corria-se à adivinha,
> Para se enunciar o que se desejava.
>
> (La Fontaine, *As adivinhas,* Liv. VII — fábula XV.)

---

[15] Sebaud e o cura de Notre-Dame de Bourges, Guignard, diziam a missa negra "entre meia-noite e uma hora (...) uma menina mendicante, com a idade de 13 anos, tendo sido conduzida para lá, morreu de medo e foi enterrada com suas roupas, tanto (...) por Sebaud (...) como pelo (...) cura de N. D. de Bourges (...)". O culto do diabo levou tão longe esses padres infames que eles praticaram juntos os mais abomináveis sacrilégios jamais vistos. Cf. Ravaisson, *Archive de la Bastille,* T. VII, pp. 172-3.

Também Molière se fez intérprete desse poder das feiticeiras e dos sortilégios no tempo de Luís XIV:

> Transformar tudo em ouro, achar a vida eterna; curar por meio de palavras; fazer-se amar por quem se deseja; saber todos os segredos do futuro; fazer descer à vontade do céu sobre os metais as impressões de felicidade; comandar os demônios, fazer para si exércitos invisíveis e soldados invulneráveis, tudo isso é encantador, sem dúvida.
>
> (*Os amantes magníficos,* Ato III, cena I, 1672.)

Todos vão "à feiticeira pelo entardecer ou em plena manhã; os pobres vão a pé; as mulheres ricas fazem-se conduzir de carruagem ou liteira, deixando transporte e transportadores a distância, tendo o rosto escondido por uma máscara ou dissimulado sob as franjas do penteado. A um sinal conhecido, a porta se abria discretamente e, após alguns instantes de espera, a visitante encontrava-se em presença da pitonisa. Começava então uma cena singular, onde uma das atrizes freqüentemente estava trêmula, enquanto a outra, acostumada à monotonia das confidências e das queixas, mantinha-se com sangue-frio. Quase sempre a recém-chegada se apressava em expor suas mágoas e esperanças; mas se a vergonha a inibia, a pretensa feiticeira adivinhava facilmente as paixões por que sua cliente estava agitada, se tinha um marido brutal e ciumento de que se queixar, ou um amante infiel. O tema estava previamente preparado. Se um marido grosseiro tornava infeliz uma inocente criatura, era preciso recorrer a Deus e fazer uma novena a Santo Antônio de Pádua ou a São Gervásio, a fim de que o marido se tornasse mais doce, e perturbasse menos sua mulher ou lhe deixasse mais dinheiro. A adivinha não pedia pagamento; mas, do que lhe seria dado, uma parte era destinada às boas mulheres encarregadas de dizer a novena, a outra, aos pobres cujas bênçãos trariam sucesso aos projetos de sua benfeitora. Se o marido não se conduzisse melhor, a mulher voltava a fazer novos queixumes. A adivinha ponderava sobre a infelicidade de sua cliente e estudava longa e atentamente as linhas formadas em suas mãos; após uma meditação profunda, aconselhava-a a ter paciência, pois via sinais de certas melhoras no esposo acusado, ou mesmo de uma viuvez próxima. Deus mudaria seu coração empedernido ou o chamaria para si; era preciso orar mais e fazer outra novena, em Montmartre, em honra a São Denis, que melhora os maridos. Dessa vez a feiticeira estipulava, como recompensa de seus esforços, uma soma calculada segundo a fortuna de sua cliente, e freqüentemente a fazia assinar uma nota. Todas essas momices eram representadas para as mulheres tímidas; às mulheres resolutas, pedia-se sem rodeios a camisa, prometendo a morte do marido. Essa camisa era preparada com um sabão de arsênico (...); se o marido fosse muito robusto e resistisse a essa primeira aplicação, outra novena, com uma segunda camisa, conduzia ordinariamente à morte. [Outro meio consistia em dar] à cliente uma água aparentemente inofensiva, clara e inodora, para pôr nos alimentos, nas tisanas ou nas lavagens: era uma solução de arsênico, dosada de forma a levar insensivelmente à morte em um prazo de tempo mais ou menos longo, segundo a fortuna daquela que pagava o envenenamento. Se a mulher era muito pobre, uma solução de água forte, conseguida no primeiro boticário que aparecesse, despachava prontamente a vítima. Empregavam também grãos castanhos ou acizentados, encapsulando o arsênico, que derretiam sem deixar traços apreciáveis."

À feitiçaria mesclaram-se atos ímpios e sacrílegos: "Era preciso inspirar amor? Um padre, vestido de hábitos sacerdotais, recitava conjuros com força, fazendo sinais da cruz com o pó preparado segundo a fórmula e jogando-o em seguida sobre as roupas da pessoa a seduzir. Se o encanto não pegasse, o eclesiasta benzia o pó no altar, ao lado do cálice, durante a missa; escrevia sobre uma hóstia os nomes dos dois amantes e, às vezes, também daqueles de quem desejavam livrar-se. O padre consagrava a hóstia à Igreja, dizendo sua missa e reduzindo-a em seguida a pó, que devia ser misturado aos alimentos das pessoas que se desejava atingir." Se todos esses sacrilégios não "alcançassem os infiéis ou não mudassem corações indiferentes, as amorosas desatinadas, familiarizadas com o mal desde as primeiras manobras, não hesitavam em passar por uma última prova para assegurar, decidida e eternamente, o apoio do demônio. A adivinha e a jovem mulher fechavam-se com um padre à meia-noite, no campo ou em um castelo, em Paris no quarto solitário de uma casa afastada, algumas vezes mesmo em uma caverna ou um casebre assombrado pelos pássaros à noite, para aí cumprir uma horrível cerimônia. O padre colocava uma pedra de altar sobre uma mesa cercada de círios negros; a desafortunada vítima era ali deitada toda nua, tendo ao lado o missal e demais instrumentos do culto; o cálice era colocado sobre seu ventre e o padre celebrava a missa vestido com seus hábitos sacerdotais; às vezes a dizia ao inverso, isto é, começando pelo Evangelho de São João; a adivinha ajudava, dizendo os responsos; ele consagrava o pão e o vinho com conjuros e palavras onde o decoro e a religião eram grosseiramente ultrajados (. . .). Um beijo obsceno substituía aquele que o padre dá à mesa do santo sacrifício; às vezes a vítima voluntária era obrigada a sofrer a ofensa dos imundos ardores do padre; enfim, como último item, faziam-na comungar sob as duas espécies confundidas na mais espantosa mistura que o deboche e a imbecilidade humana jamais inventaram." [16]

O que sensibilizou a imaginação do povo foi justamente uma imagem diabólica: a da marquesa de Montespan comparecendo aos sinistros encontros de Guibourg e servindo nua no altar da missa demoníaca. Um historiador tentou recentemente livrar a Sra. de Montespan dessa acusação, mas não se pode afirmar propriamente que tenha tido sucesso. A Câmara Ardente (1679) teve que reconhecer um número imenso de casos de feitiçaria. Nem se pode dizer que as condenações tenham sido inteiramente injustificadas, exceto a da imunda Voi-

---

16 F. Ravaisson, *Archives de la Bastille,* T. IV, pp. III-IV e VIII-IX, Paris, 1870.

sin. O que nos interessa sobretudo é ver a proliferação da feitiçaria em um tempo e em lugares — a Corte e a Cidade — onde deviam reinar a ordem, a harmonia e a razão, interessanos igualmente ver a tomada de consciência que a revelação do caso do veneno deu a Luís XIV. O rei viu-se cercado de feiticeiros e de criminosos clientes de feiticeiros, inclusive sua favorita. Parece bem que a conduta de Luís o Grande tenha sido modificada por essa consciência. Quem sabe? As aberrações da feitiçaria sem dúvida descartaram do leito de Versalhes a bela Montespan, mas teriam franqueado o leito real à severa Maintenon?

A Ordenação de 1682

O escândalo foi tamanho que Luís XIV lançou, em 1682, uma ordenação relativa aos sortilégios e também aos... venenos:

"(...) *Fazemos saber, etc. Que todas as pessoas que se põem a adivinhar e se dizem adivinhos ou adivinhas deixarão imediatamente o reino após a publicação de nossa presente declaração, sob pena de punição corporal.*

"Proibimos todas as práticas supersticiosas, por atos, escritos ou palavras, sejam ofendendo os termos da Sagrada Escritura ou as preces da Igreja, seja dizendo ou fazendo coisas que não têm qualquer relação com as causas naturais; exigimos que os que forem descobertos como tendo-as ensinado, junto com os que as tenham usado e os que delas se tenham servido para qualquer fim que seja, sejam punidos exemplarmente e segundo as exigências do caso.

"E se foram encontradas no futuro pessoas malvadas o suficiente para acrescer à superstição a impiedade e o sacrilégio, sob pretexto de operações de pretensa magia ou outro pretexto semelhante, queremos que os que forem comprovados sejam punidos com a morte.

"Serão punidos com penas semelhantes todos os que se comprovar terem-se servido de malefícios e de venenos, seguidos de morte ou não, como também aqueles que se comprovar terem aviado ou distribuído o veneno para envenenar. Também está proibido a todas as pessoas, salvo aos médicos e farmacêuticos, empregar qualquer inseto venenoso, como serpentes, sapos, víboras e outros semelhantes, sob pretexto de se servir deles para medicamentos ou para fazer experiência, ou sob qualquer outro pretexto que seja, se não tiverem permissão expressa, por escrito."[17]

Assim, o suplício só era aplicado a magos e feiticeiros ímpios ou sacrílegos. Essa Ordenação, entretanto, se não impediu de pronto as condenações de feiticeiros à morte, pelo menos as restringiu.

Pela carta a seguir — relativa a um caso de feitiçaria que, no século XVI e mesmo no início do século XVII, acarretaria o processo e a morte dos supostos culpados —, veremos que o tom dos juízes mudou muito. "Senhor de Argenson [tenente de polícia] a Pontchartrain [Ministro]. — 16 de outubro de 1701. Caíram-me nas mãos duas ou três mulheres extravagantes, que têm o furor de se dar ao diabo para obter dinheiro, mas as quais o diabo não quer absolutamente. Uma dessas mulheres chama-se Berthemet d'Estrade e tem marido, a outra é viúva de Fenouillet e não tem filhos; a primeira quer ser rica e sua fantasia dominante é de se fazer amar pelo Sr. Merthmet, o Senhor de Requêtes; a segunda deposita sua soberana felicidade em acionar processos e ganhá-los. Suspeito um tanto de que elas conheçam o padre Saint-Cosme [um feiticeiro]; mas não pude conseguir provas disso. De qualquer modo, após ter uma ligeira tintura da ciência diabólica, elas tanto perseguiram um pobre mestre-escola chamado Protain que o fizeram acreditar que era feiticeiro. Nessa certeza, ele lhes escreveu pactos que tomo a liberdade de lhe enviar: um é escrito sobre

---

[17] Edito de julho de 1682: Isambert, *Anciennes lois françaises*, T. XIX.

um pergaminho virgem, ou que foi virgem, e assinado por Berthemet; o outro é apenas um papel, e foi a viúva Fenouillet quem o assinou. Junto a cópia de um contrato indiferente, que fiz Protain, o mestre-escola, transcrever para comprovar que o pacto de Fenouillet é também de sua lavra. Parece-me que semelhantes extravagâncias não merecem ser por demais aprofundadas, mas a melhor coisa que temos a fazer é enviar Protain a um hospital por cinco ou seis meses, e a viúva Fenouillet, até novas ordens. Eu lhe proporia a mesma coisa quanto à Srta. Berthemet de l'Estrade, se ela não tivesse filhos e um marido de família honesta e que vive muito bem com ela e a quem é bom não informar sobre seus descaminhos; eu não deixarei absolutamente de dar conhecimento a essa louca de que o rei está informado sobre isso, e que, se Sua Majestade houve por bem conceder-lhe a graça, foi em consideração a seu marido, sobre quem a pena que ela justamente mereceu recairia necessariamente."[18] Estamos em 1701; o Grande Rei ainda reinará por 14 anos. Havia apenas 67 anos que Urbain Grandier fora queimado por pacto e comércio com os demônios. Os tempos mudaram, e também o estilo do juiz e seu espírito. Já começava a se infiltrar a ironia cética própria ao século XVIII. Era preciso que, diante do assalto dos absurdos da feitiçaria, os espíritos livres tivessem partido para a guerra. Com efeito, autores importantes encarregaram-se do caso, como veremos a seguir.

A Oposição à Idéia de Feitiçaria

Freqüentemente, o monstro não era atacado de frente, mas combatido de viés. Alguns atacaram os processos de feitiçaria;

---

18 Citado por F. Ravaisson, *Archives de la Bastille*, T. X. pp. 335-6.

outros, suas idéias. Alguns, mais temerários, negaram o diabo... e seu séquito. Satanás tornou-se uma entidade moral e perdeu, a seus olhos, a figura horrível do Grande Bode Negro presidindo a todos os sabás. "Na Alemanha, a injustiça evidente no modo de convicção adotado: a tortura — sem a semiprova preliminar exigida pelas leis canônica e civil, a partir de uma simples suspeita, após a denúncia de uma criança ou com base na declaração de um infeliz enlouquecido pela tortura ou privado de sua razão em conseqüência de uma doença mental — atraiu a atenção de certos teólogos moralistas católicos ou protestantes e suscitou seus protestos mais ou menos categóricos." [19]

Três jesuítas destacaram-se de maneira meritória e enérgica. Adam Tanner (1572-1632) declarou em seu livro *A teologia universal* (1626) que a viagem dos feiticeiros ao sabá era uma simples ilusão dos sentidos. Dizia também que não se devia dar fé "às denúncias de pretensos feiticeiros, pois de duas uma: ou são feiticeiros ou não o são. Se não o são, não podem ter cúmplices; se o são, são pessoas muito más cujas denúncias não podem ter valor algum." [20] Paul Layman, igualmente discípulo de Santo Inácio (1575-1635), escreveu *Do processo contra os feiticeiros e as feiticeiras* (1629), onde recomenda aos juízes a maior prudência e lhes suplica que, em absoluto, não examinem a questão de modo ligeiro, o que eles, muito infelizmente, tinham tendência a fazer, baseados em fracos sinais de culpabilidade. Enfim, o jesuíta Friedrich Spee (1591-1635) que, como mendicante, havia acompanhado à fogueira inúmeras vítimas dos processos de feitiçaria em Wurzburg, teve uma influência ditosa sobre Philippe Schoenborn, eleitor de Mayence (1647-1674), que praticamente pôs fim à perseguição à feitiçaria na Alemanha. F. Spee havia publicado

---

19 T. de Cauzons, *op. cit.*, T. III, pp. 343-4.
20 T. de Cauzons, *op. cit.*, T. III, p. 344-5.

— encoberto pelo anonimato — *A precaução criminal* (1663), onde protestava veementemente contra a tortura.

Às vozes católicas mesclaram-se as dos pastores da religião reformada. Theodore Mummius publicou, em 1621, *Da impiedade dos feiticeiros,* obra escolástica sem grande repercussão. Jean Clévius, pastor em Arnhem, contestou a tortura, da mesma forma que Gaul, cura de Great Stanghton (Inglaterra). A primeira autoridade que se comoveu com as devastações dos processos de feitiçaria foi a Corte Romana (1637), que proibiu a perseguição de feiticeiros e feiticeiras fora da Igreja.

Pensadores laicos intervieram por sua vez. Entre esses, convém citar Pierre Charron (1602), que ousou escrever então: "A imaginação é uma coisa muito poderosa (...) Ela faz enrubescer, empalidecer, tremer, assustar-se, entre as menores e mais suaves reações; ela aumenta o poder e o uso das partes genitais, mesmo não sendo mais necessário (...) e, ao contrário, sem esforço, sem objeto e em sonho, ela satisfaz os desejos amorosos, faz mudar de sexo, marca vergonhosamente, até faz abortar o fruto dentro do ventre. (...) A imaginação faz perder os sentidos, o conhecimento, o julgamento, faz ficar louco e insensato (...) faz acontecerem as coisas secretas e futuras e causa os entusiasmos, as profecias e maravilhosas invenções, rejubila no êxtase; realmente, ela mata e faz morrer. Em resumo, é dela que vêm a maioria das coisas que o vulgo chama de visões, milagres, feitiços. Não é sempre o diabo ou o espírito familiar, como pensa incontinenti o ignorante, quando não pode encontrar a origem do que vê, nem tampouco o espírito de Deus sempre (não nos referimos absolutamente aqui aos movimentos sobrenaturais), mas com muito maior freqüência é o efeito da imaginação ou do agente que fala e faz tais coisas, ou do paciente e espectador que pensa ver o que não existe absolutamente."[21] Pouco antes de Pierre Charron, o sá-

---

21 *De la Sagesse,* Liv. I. Cap. XVI.

bio e prudente magistrado Michel de Montaigne havia escritc em seus *Ensaios*,[22] a propósito dos acusados de feitiçaria: "Como é mais natural: que nosso entendimento seja deslocado de seu lugar pela volubilidade de nosso espírito desequilibrado, ou que um de nós seja transportado sobre uma vassoura ao longo de uma chaminé, em carne e osso, por um espírito estranho? Não procuremos as ilusões do lado de fora e do desconhecido, pois somos perpetuamente agitados por ilusões domésticas e nossas. Parece-me perdoável desconhecer uma maravilha, pelo menos se pudermos evitar a verificação por via do não maravilhoso. Sigo a advertência de Santo Agostinho de que mais vale inclinar-se pela dúvida do que pela certeza de coisas de difícil prova e crença perigosa. Há alguns anos, passei pelas terras de um príncipe soberano, o qual, em meu obséquio e para rebater minha incredulidade, me prestou a graça de me fazer ver, em sua presença e em certo lugar, dez ou doze prisioneiros dessa natureza [feiticeiros], e uma velha entre outras, verdadeiramente feiticeira pela sua fealdade e deformidade, muito famosa há longo tempo nessa profissão. Eu vi e ouvi provas e livres confissões e não sei que marca insensível nessa miserável velha, e indaguei e falei à saciedade, empregando a mais sadia atenção de que era capaz; e não sou homem que me deixe garrotear o julgamento pela preocupação. Enfim e em consciência, eu lhes teria antes dado o heléboro do que a cicuta."

Cyrano de Bergerac, espírito forte, na época considerado um libertino, escreveu em seu *Discurso contra os feiticeiros* (1652): "Imaginem então que, embora em todo o mundo se tenham queimado tantos feticeiros convictos de terem feito o pacto com o diabo, tantos miseráveis tenham confessado na fogueira terem estado no sabá, e mesmo alguns, no interrogatório, tenham confessado aos juízes haverem devorado crianças nos seus festins, após a morte dos condenados [estas] foram

---

22 Ed. Garnier, T. III, pp. 276-8.

encontradas cheias de vida e nem sabiam o que lhes queriam dizer quando lhes falavam sobre isso; não se deve crer em todas as coisas de um homem, pois um homem pode dizer todas as coisas; pois, ainda que, por uma permissão particular de Deus, uma alma pudesse retornar à terra e pedir a qualquer um o socorro de suas preces, significaria isso que os espíritos ou as inteligências, se existirem, seriam tão galhofeiros a ponto de se obrigar aos caprichos desmiolados de um aldeão ignorante; aparecer em cada canto da roça, segundo seja maior ou menor o humor negro na cabeça desordenada de um pastor ridículo; pousar domesticada como um falcão, sobre o punho do caçador que o comanda, e conforme o capricho desse tratante dançar a *guimbarde* ou os *matassins?** Não, não creio absolutamente em feiticeiros, ainda que muitos grandes personagens não sejam da minha opinião; e não me subordino à opinião de ninguém se esta não for baseada na razão, ou se não vier do Céu: Deus é o único em que se deve acreditar como causa do que diz porque o diz (...). Mas examinemos com boa vontade esses feiticeiros: vocês verão que se trata de um camponês muito grosseiro, sem espírito para desatar as redes que o embaraçam; cujo entendimento é massacrado de tal forma pela magnitude do perigo que ele não tem mais o espírito bastante presente para se justificar, não ousaria nem mesmo responder pertinentemente, com medo de dar a entender aos interessados ser o diabo quem fala por sua boca. Se, entretanto, ele não disser uma palavra, todos gritarão estarem convencidos conscientemente, e ei-lo imediatamente jogado ao fogo. Mas o diabo seria tão tolo, ele que pôde muito bem outrora transformá-lo em gato, de não o transformar agora em mosca a fim de que ele possa voar? (...) Também observei que todos esses pretensos magos são tão patifes como Diógenes. Ó céus! é então possível que um homem se exponha a arder eternamente na esperança de continuar pobre, detestado, esfomeado

* Danças antigas (N. da T.).

e no pavor incessante de se ver grelhado em praça pública? Satanás lhe daria, não folhas de carvalho, mas moedas importantes para comprar as cargas que o poriam a salvo da Justiça. Mas vocês verão que os demônios hoje em dia são extremamente simplórios e não têm espírito para imaginar tanta sutileza. Esse mal-ajambrado Berger, que vocês mantêm em suas prisões, às vésperas de ser cozido, mediante quais provas o condenam? Ele foi surpreendido recitando o Padre-Nosso do Lobo. Ah! Por favor! Façam-no repeti-lo e não notarão senão grandes tolices e bem menos mal do que existe em um 'morra-diabo', pelo qual, entretanto não se mata ninguém. Eles confessam (replicam vocês) terem ido ao sabá, terem enviado os demônios para os corpos de algumas pessoas que, com efeito, se encontraram endemoniadas. Quanto às viagens do sabá, eis minha crença: é com os óleos entorpecentes com que se untam, como quando passam a noite em claro, que eles logo imaginam estar sendo levados, montados sobre uma vassoura, pela chaminé, para uma sala onde se deve festejar, dançar, fazer amor, beijar o ânus do bode. A imaginação, fortemente afetada por esses fantasmas, mostram-lhes no sono essas mesmas coisas, tais como uma vassoura entre a pernas, passar sobre os campos voando, um bode, um festim, mulheres; eis por que, quando acordam, crêem ter visto o que sonharam. Quanto à possessão, eu lhes direi também o que penso, com a mesma franqueza. Acho, em primeiro lugar, que nela se encontram 10 mil mulheres para um só homem. O diabo seria um lascivo para procurar com tanto ardor a cópula com as mulheres? Não, mas lhe adivinho a causa: uma mulher tem o espírito mais leviano do que um homem, e mais ousado, conseqüentemente, para resolver comédias dessa natureza; ela espera que, por menos que arranhe o latim, por menos caretas, saltos, cabriolas e poses que faça, se acreditará nelas sempre muito acima do pudor e da força de uma moça; enfim, ela pensa ser tão forte em sua fraqueza que, sendo descoberta a impostura, se atribuirão suas extravagâncias a algumas sufocações do útero ou então que serão perdoadas como uma enfermidade de seu sexo.

Vocês responderão talvez que, por existirem velhacas, isso nada prova contra aquelas que são verdadeiras possuídas."

Em 1674, Malebranche (*Busca da verdade*) desfere um golpe bem forte nas crenças em feitiçaria: "Não duvido absolutamente", dizia ele (Livro 3, Cap. VI), "que possam existir feiticeiros, encantos, sortilégios (...) e que o demônio exerça algumas vezes sua malícia sobre os homens, com a permissão de Deus. Mas é fazer muita honraria ao diabo levar a sério essas histórias como marcas de seu poder, tal como fazem alguns novos demonólogos, pois essas histórias o tornam temível para os espíritos fracos. É preciso desprezar os demônios como se desprezam os carrascos pois é somente diante de Deus que devemos tremer (...) quando desconhecemos suas leis e ignoramos as leis do seu evangelho. (...) Donde se conclui que os verdadeiros feiticeiros são tão raros quanto são comuns os feiticeiros por imaginação. Nos lugares onde se queimam os feiticeiros não se vê outra coisa, pois nos lugares onde eles são condenados ao fogo, se acredita de fato que eles o sejam, e essa crença fortifica-se através do discurso sobre ela. Que cessem as punições e que sejam tratados como loucos, e se verá como o tempo que eles não serão mais feiticeiros, pois não o são, exceto por imaginação, o que corresponde certamente ao maior número, e se tornarão como os outros homens. É fora de dúvida que os verdadeiros feiticeiros merecem a morte; e que aqueles que não o são, salvo por imaginação, não devem ser olhados como inocentes, pois que, de ordinário, esses últimos são assim porque têm no coração a disposição de ir ao sabá, e porque se friccionaram com alguma droga para alcançar esse infeliz desígnio. Mas, punindo indiferentemente todos esses criminosos, a persuasão comum se fortifica; os feiticeiros por imaginação multiplicam-se, assim como uma infinidade de pessoas se perde e se dana. É portanto com razão que muitos Parlamentos, não punindo absolutamente os feiticeiros (é preciso acrescentar: precisamente como feiticeiros, e não como envenenadores ou culpados de malefícios ou outros crimes, como fazer desaparecer por meio de segredos naturais), encontram muito menos feiticeiros em terras de sua alçada; e a inveja, o ódio e a malícia dos maus não podem servir-se desse pretexto para oprimir os inocentes."[23]

La Bruyère, em seus *Caracteres* (Cap. XIV), debruça-se também sobre o problema da perseguição à feitiçaria com a dúvida de um homem que freqüentou demais os grandes senhores metidos com os sortilégios do tempo. "Eles [os feiticeiros-adivinhos] enganam enfim a um preço muito vil aqueles que procuram ser enganados (...). Que pensar da magia e do sortilégio? A teoria a respeito é obscura, os princípios são vagos, incertos e se aproximam do visionário; mas há fatos embaraçantes, afirmados por homens sérios que os viram ou que os ouviram de pessoas como eles; admiti-los todos ou negá-los todos parece igualmente inconveniente; eu ousaria dizer que nisso, como em todas as coisas extraordinárias e que escapam às regras comuns, há uma posição a tomar entre as almas crédulas e espíritos fortes."

À dúvida questionadora de La Bruyère opõe-se a razão muito dogmática de Bossuet, que acredita na ação dos anjos sobre a terra e na do diabo sobre este pobre mundo. No catecismo usado pelos seus diocesanos (lição VII), Bossuet declara os curandeiros culpados de relações com o demônio. Mas o diabo e seus prepostos não desempenhariam mais papel algum quando seu pequeno universo maléfico fosse substituído pelos largos horizontes da descoberta científica. Tanto quanto ou até mais que Montaigne, P. Charron e Malebranche, afirmando suas dúvidas quanto à feitiçaria, trabalharam para o fim dessa crença os sábios Copérnico, Galileu, Gassendi, Newton, Descartes, Pascal, Huygens, Harvey, Torricelli, etc., aumentando os horizontes terrestres. Ao fim do século XVII, duas obras sobre esse assunto tiveram certa repercussão na Europa. Todas as duas tinham surgido na Holanda, país tradicional da liberdade de pensamento. Anton Van Dale publicou, em 1696, um livro *So-*

---

23 T. de Cauzons, *op. cit.*, T. III, pp. 349-51.

bre a origem e os progressos da idolatria e das supertições, sobre a profecia verdadeira ou falsa e sobre as adivinhações idólatras dos judeus, no qual sustenta que o Antigo Testamento não contém qualquer passagem relativa aos demônios e aos feiticeiros, e que "as poucas passagens que se lêem sobre esses assunto foram ali introduzidas pelos tradutores ou comentaristas, sob influência do paganismo caldeu". Segundo Anton Van Dale, a feitiçaria não passava de uma baixa superstição produzida pela ignorância ávida de lucros. Van Dale não foi absolutamente incomodado, apesar de suas opiniões revolucionárias para a época. Balthasar Bekker, pastor protestante em Amsterdam, retomou por sua vez as teorias de Van Dale, tiradas de seu primeiro livro, *Sobre os oráculos dos pagãos* (1685), aplicando-lhes igualmente o Novo Testamento. Seu *Mundo encantado* (1691) obteve o maior sucesso (sendo traduzido para o italiano, o francês e o alemão). Entretanto, ao contrário de Van Dale, Bekker teve alguns aborrecimentos, embora pouco sérios. Esses dois autores admitiam, apesar de tudo, a existência do diabo. Representavam-no como um símbolo do Mal, e pensavam que este era todo-poderoso sobre o espírito dos homens e sobretudo sobre sua imaginação. Essa criatura do Mal sugeria aos pretensos feiticeiros seus recitativos diabólicos. Assim, tratava-se apenas de pobres homens, simplesmente acusados de pensamentos maléficos. Todo processo, portanto, tornou-se a partir de então inútil: imaginários os malefícios, imaginárias as proezas dos feiticeiros. Os juízes deviam ceder lugar aos médicos para tratar e curar os doentes mentais, e não mais para castigar os culpados. O último suplício na França foi inflingido em Bordéus no ano de 1718. A imaginação gasconha de Pierre de Lancre encontrava ainda, no Parlamento de Bordéus, algumas influências que Montaigne não havia contraposto. Logo Montesquieu iria aclarar seus compatriotas e confrades magistrados com sua ironia lúcida e clemente. A chama das fogueiras recuava diante do Século das Luzes. . .

capítulo VII

A FEITIÇARIA NOS TEMPOS MODERNOS

Se, como disse Michelet, Satanás tivesse triunfado no século XVII, a Era dos Luzes teria sofrido um golpe sensível do Príncipe das Trevas. E pelo fato mesmo de o diabo não ser mais temido, o povo de seus servidores não iria mais experimentar senão umas poucas perseguições judiciárias. É preciso notar ainda que, no século XVIII, a maior parte dos processos de feitiçaria dizia respeito somente a envenenadores ou a adivinhos-charlatães, implicados em alguns casos criminais. A feitiçaria acusa, no século XVIII, um caráter de charlatanismo, onde o feiticeiro parece perder os poderes terríveis que lhe atribuíam outrora para se tornar uma espécie de prestidigitador indiferente às pobres vítimas. A literatura reflete esse novo espírito; e Satanás, ele próprio, inclina-se à galanteria do século. É sob a forma de uma jovem encantadora que ele aparece em *O diabo amoroso,* de J. Cazotte, e não mais a daquele horrível bode fedorento que maravilhava, no entanto, o amor das jovens feiticeiras de Labourd ao tempo de Vert Galant. É verdade que, desde Jean Wier, sábios, teólogos e filósofos lhe haviam, em seus escritos, desferido duros golpes. Entretanto, o diabo manifestava-se ainda nos conventos de mulheres, últimas fortalezas da demonologia. A Normandia tinha casos semelhantes aos de Loudun no século XVII, porém muito menos graves. Piedosas jovens eram presas de padres malditos, tal como a Srta. La Cadière, em Provença, que se acreditou enfeitiçada pelo jesuíta Girard (1731). Ao fim de um interminável processo, o padre Girard foi absolvido. Escapou por pouco da fogueira, tendo 12 de seus juízes votado pela pena de morte. Michelet insistiu longamente nesse sórdido caso, [1] aliás muito conturbado e onde a uma sexualidade intensa se misturam inextrincáveis combinações político-religiosas. Talvez, por trás das divagações de uma semilouca, fosse preciso divisar uma máquina de guerra dirigida contra os jesuítas. Mas, desse ângulo, ela foi muito mal montada; Pascal, ao contrário, havia sido, para a Companhia, um diabo sério, porque razoável.

Se, no tempo do Rei Sol, a Montespan emprestara seu corpo à missa demoníaca do abade Guibourg, a favorita de Luís XV, mais inteligente, "foge à noite do Palácio, onde os guardas cochilam, para consultar a Bontemps, que lê o futuro na borra de café". A feitiçaria sempre agrada às grandes damas. Mas ela tem o sentido de um passatempo. "A marquesa de l'Hospital e a marquesa de Force quiseram (...) travar conhecimento com Lúcifer; a feiticeira preveniu-as de que só o veriam depois de nuas; elas deixaram docilmente a megera despi-las de todos os seus trajes, a sua roupa branca e sua bolsa, e foram abandonadas nesse estado de nudez, que um suboficial foi chamado a constatar." Grandes senhores dirigiam-se aos feiticeiros para obter do diabo, não mais o famoso pacto dando todos os poderes, porém, mais prosaicamente, "15 milhões de libras". O duque de Olonne e a condesa de Montboisier prestaram-se a essas momices infernais. Peles de bode serviram como papel para o contrato, e seu registro custou aos dois tolos a soma de 629 libras. Vê-se bem, como explicamos mais acima, o reflexo da sociedade juridicamente organizada traduzindo-se na prática da feitiçaria. O feiticeiro impõe um contrato jurídico, naturalmente pago. A feitiçaria é apenas o reflexo dos costumes, dos apetites, dos sonhos ou então dos desejos dos que a praticam. Enquanto isso, cessava-se de exorcizar-se os supostamente possuídos, e Voltaire mostrava com razão que

---

1 *La Sorcière*. pp. 351-79.

assim desapareciam cada vez mais os casos de demonologia (*Peças relativas ao ensaio sobre os costumes*). Em seu *Dicionário filosófico*, ele escrevia: "Nada é mais ridículo que condenar um verdadeiro mago à fogueira, pois se devia presumir que ele pudesse extinguir o fogo e torcer o pescoço de seus juízes." Não era essa, infelizmente, a opinião que Boguet nem de N. Rémy. Os enciclopedistas deram assim sua opinião no verbete sobre *feitiçaria*: "Operação mágica vergonhosa ou ridícula, atribuída estupidamente pela superstição à invocação e ao poder de demônios." Mais prudentes, os redatores do *Dicionário* de Trévoux registraram: "Feiticeiro (. . .) aquele que, segundo a opinião corrente, tem comunicação com o diabo e faz muitas coisas maravilhosas com sua ajuda. Supõe-se que os feiticeiros compareçam a assembléias noturnas denominadas sabás, que ali adorem o diabo, que tenham um sinal que torna a parte insensível (. . .). Não se deve punir os acusados de serem feiticeiros senão quando devidamente convencidos de malefícios que, de algum modo, eles tenham praticado." Apesar da última afirmação, que abre lugar para qualquer dúvida, vimos que, felizmente, outros jesuítas se haviam mostrado mais esclarecidos pouco antes.

Não chegaram ao nosso conhecimento casos de feitiçaria durante o período revolucionário. A Razão tinha feito progressos, avançando com passos de gigantes junto com os exércitos da República.

O Império foi uma reformulação geral dos reinos; os homens e as idéias transmitidas estavam livres de casos de feitiçaria, ainda que cartomantes e videntes proliferassem em Paris, tendo sido Napoleão, ao que, parece, um dos assíduos clientes da Srta. Lenormand. A Revolução Francesa havia abolido, junto com muitos outros vestígios do passado superado, as leis relativas às perseguições de feitiçaria. O feiticeiro tornou-se um escroque, e o diabo, um pega-otário. O povo precisava então ocupar-se de muitos outros diabos que não os dos antigos demonólogos.

O século XIX, restabelecendo, com a volta dos Bourbon, todo o poderio do clero, viu se produzir um certo número de casos de possessão dignos daqueles do século XVII. Mas a Igreja — mais sábia e mais esclarecida também — os desdenhou sem os negligenciar e sobretudo sem praticar mais o exorcismo, exceto com extrema precaução e raras vezes. A demonologia, privada de seus dois suportes — a Igreja exorcista e o braço secular perseguidor —, rapidamente cessou. Pobre diabo, cada vez menos acreditado. Rebaixaram-no a um papel deveras insignificante: foi ele o principal artesão dos fenômenos chamados *casas mal-assombradas.* Da presidência do sabá de Brocken ou de Labourd ao papel de assombração, a queda é notável. Entretanto os feiticeiros continuaram sempre a existir. Às vezes a imbecilidade popular, substituindo a velha crueldade dos antigos juízes, cometia crimes abomináveis contra suas pessoas. Em 12 de dezembro de 1824, em Bournel (Lot-en-Garonne), duas mulheres tentaram queimar viva uma suposta feiticeira; em Laval, em 1836, um pobre velho, acusado de malefícios contra uma criança, foi torturado; em Méry, em 1836, um médico ignaro apontou como responsável por uma epidemia uma infeliz que foi martirizada por uma população fanatizada. Em 1843, próximo a Tours, em Chanceaux, a família Avril quase foi vítima de semelhantes suspeitas. Mas a história mais curiosa de feitiçaria no século passado foi a do presbitério de Cideville (Sena inferior), que foi objeto de um relatório judicial mostrando que ainda existiam êmulos do feiticeiro Hocque na Normandia durante a II República (1850-1851). Um pastor — sempre os pastores nos sortilégios ... — chamado Thorel lançara um feitiço sobre o presbitério de Cideville causando fenômenos de levitação e jatos de pedras. Uma sórdida questão de interesses achava-se mesclada a esse caso. Um dos hóspedes do presbitério moveu um processo contra o feiticeiro devido a uma ação tachada de feitiçaria. Ele muniu-se, com algumas testemunhas, de longos objetos pontiagudos, e elas começaram a bater no vazio em torno de si. Pretendia-se, desse modo, perfurar o ser invisível que havia produzido os diferentes fenômenos de assombração em Cideville: "um gemido se faz ouvir; continua-se; o gemido redobra; enfim, distingue-se positivamente a palavra *perdão*". Um diálogo estabeleceu-se então entre as testemunhas e o feiticeiro, sempre invisível. No dia seguinte, o pastor Thorel, a quem os assistentes da véspera haviam prometido o perdão, compareceu ao presbitério. Lá, foi reconhecido por uma das crianças vítimas de seus feitiços: "Eis o homem que me persegue há 15 dias." O pastor suplicou então perdão ao cura de Cideville, lançando-se de joelhos. Em vão, tentava esconder com o chapéu as cicatrizes ensangüentadas que lhe cobriam o rosto. Tentou tocar o abade, mas este lhe vibrou no braço três bengaladas. Thorel depois foi à casa do prefeito e declarou que livraria o presbitério "de tudo que se passa" se lhe pagassem um café. Por causa das bengaladas desferidas pelo abade Tinel, cura de Cideville, o caso foi levado perante a Justiça de Paz de Yerville. Uma testemunha depôs sobre Thorel: "(. . .) ele predisse às pessoas fatos fora de qualquer previsão, que lhes aconteceriam antes de 20 minutos, e esses fatos aconteceram antes dos 20 minutos". Outra testemunha relatou que, "encontrando-se nos campos com Thorel, este lhe dizia: 'A cada vez que eu der um soco na minha bengala, você cairá'; e, a cada soco, sentia comprimir-lhe a garganta, estrangulá-lo e *forçá-lo* a cair! (. . .)" Uma terceira testemunha declarou que, "passeando com dois jovens [pensionistas do abade Tinel] e a irmã do Sr. Tinel, em meio às planícies na rota de Cideville a Auzouville, eles viram calhaus, lançados por uma força invisível, ficar à sua frente e cair a seus pés sem atingi-los." Todos esses fatos, e muitos outros ainda, foram comunicados quase sem interrupção, de 26 de novembro de 1850 a 15 de fevereiro de 1851. Nessa época os dois jovens pensionistas do cura tinham-se transferido para outro lugar. A sentença do juiz de Paz foi proferida a 4 de fevereiro de 1851: "Considerando que, qualquer que seja a causa dos fatos extraordinários que se produziram no presbitério de Cideville, *o que resulta de mais claro a partir de todos os testemunhos ouvidos é que essa causa continua desconhecida* (. . .).

Considerando, como segundo ponto, que nem a investigação nem a contra-investigação trouxeram ao processo a prova de que o demandado [o cura] tenha forçado o litigante [Thorel] a cair de joelhos diante dele; que, ao contrário, sobressaiu de vários testemunhos que foi *voluntariamente* que este se pôs de joelhos diante de um dos pensionistas do presbitério, *pedindo-lhe mercê, perdão, como se tivesse cometido alguma falta,* e tudo isso mediante simples convite do demandado, justificado pela estranha conduta de Thorel nessa circunstância; que essa maneira de agir do litigante se acha mais do que explicada pelo que ele em seguida fez na casa do Senhor Prefeito de Cideville, onde renovou *espontaneamente* a cena de se pôr de joelhos, *suplicando-lhe para deixar de lado esse caso* (...)."[2]

Em nossos dias existem poucos feiticeiros. Os que publicam pequenos anúncios nos jornais freqüentemente não são mais que charlatães, ou então simples vítimas de seus pretensos poderes, que querem experimentar seu suposto poder sobre outrem. Nossos campos conhecem às vezes camponeses tachados de feitiçaria. Relataram-nos que, em Pont-Hébert (Mancha), vivia ainda um feiticeiro em 1950. Ele transformava-se à noite em bastão, o qual vinha ajeitar-se no seu leito. Seria ainda a crença na viagem para o sabá dos feiticeiros de antanho? Da mesma forma, em 1945, em Saint-Vaast-la-Hougue (Mancha), feiticeiras lançavam encantamentos contra as agulhas e bobinas de uma costureira. Um pouco antes, em 1910, um feiticeiro de Saint-Martin de Bonfossé (Mancha) transformara-se em porco. Trata-se, evidentemente, de uma variante mais rústica do fenômeno bem conhecido como licantropia. Condutores de lobos foram assinalados em Orne pela mesma época. No Queyras (Alto Alpes), em 1913, um camponês de Molines foi durante à noite à charneca de Pra-Patris para convocar o diabo, levando um caldeirão contendo um gato preto. Chegando ao antigo local do sabá da Idade Média, ele deveria cozi-

---

2 Segundo C. Lancelin, *La Sorcellerie des campagnes,* pp. 144-52.

nhar o gato vivo no caldeirão. Começou a operação, mas, tomado de medo, fugiu, abandonando o gato sangrando e a panela. No dia seguinte, pagou muito caro (diz-se que 500 francos) a um homem da região para ir buscar o seu caldeirão. Vimos esse aprendiz de feiticeiro há alguns anos: tornou-se gago desde a sua noite maléfica. Encontramos pessoalmente feiticeiras em Oisans; e, atualmente, ainda vive um feiticeiro em Queyras. Seu poder diminui singularmente. A era atômica, com seus imensos progressos em todas as direções, causou-lhe muitos prejuízos. Ainda que a superstição se encontre em toda parte, e não somente nos campos, aliás freqüentemente em estado residual, a feitiçaria perde seu império. É verdade que são grandes as diferenças entre as vilas outrora mergulhadas na noite negra após o pôr-do-sol, e ligadas entre si por caminhos ruins; e as grandes ruas de agora, cortadas por veículos que percorrem agrupamentos de casas largamente iluminadas, onde vociferam rádios de todos os cantos do mundo. Onde o feiticeiro, filho da noite, encontraria seus poderes nesse mundo claro e tagarela, sendo ele um homem de segredos? "O diabo não faz mais receitas", constatou Pierre MacOrlan em um de seus romances. Talvez também porque a crueldade ambiente do século XX o tenha superado em horror e perversidades?... Não dá mais para ganhar a vida como feiticeiro. Ele é um anacronismo em relação ao contexto social. Cedo não será mais que uma curiosidade turística. Mais vale para ele essa aparente decadência do que o esplendor, em épocas passadas, de seus ancestrais, que pagaram seu poder com incontáveis suplícios!

Parte III

A FEITIÇARIA NA ARTE E NA LITERATURA

capítulo I

ICONOGRAFIA

Artistas de todos os países e de todos os tempos freqüentemente usaram a feitiçaria — e sobretudo a representação da feitiçaria — como temas de suas obras. É preciso distinguir, em suas gravuras e quadros, a representação diferenciada entre feiticeiras e magas. Se umas são pesadas de fisionomias e corpo, as outras são sutis e estranhas. A diferença entre elas é, como vimos precedentemente, social e econômica. As feiticeiras são apenas pobres mulheres, enquanto a maga é a Mulher. Esta última situa-se fora da miséria das vilas, é uma citadina. A feiticeira é uma rejeitada; seu corpo é apenas carne enfim satisfeita pelo delírio onírico. Para um estudo iconográfico mais completo, remeto o leitor a Grillot de Givry [1] e ao nosso estudo. [2] Através dos quadros dos artistas ocidentais, traços comuns marcam a pintura da feiticeira do século XV ao século XIX: os ventres são representados da mesma forma de Hans Baldung Grien a Goya, passando por Dürer. A noção pictorial diferenciada é a das pernas finas entre as magas, mas robustas e até zambras entre as feiticeiras.

O rosto da feiticeira é, de maneira geral, ovino — muito próximo ao animal em Ulrich Molitor (*Constance* — 1489),

---

1 *Le Musée des Sorciers, Mages et Alchimistes,* Paris, 1929.

2 *L'Anatomie de la sorcière dans la peinture occidentale,* Æsculape, 1954.

em Téniers (*Saída para o sabá*) ou em Francken (é preciso notar aqui as diferenças de fisionomias: ovinas nas feiticeiras que vão pela primeira vez ao sabá, observa-se muito particularmente a angústia da feiticeira colocada à direita do quadro e a fisionomia plena de desejo da jovem que despe suas meias).

A feiticeira já velha de Goya (Museu do Prado) tem rosto quase masculino, máscara de palhaço onde dominam os olhos salientes e a boca enormemente distendida (dir-se-ia que ela serviu de modelo a Walt Disney para a sua horrível feiticeira em *Branca de Neve*). O caráter feroz, infantil, quase bestial, evidencia-se bem claramente em *O sabá* de Goya. Velhas ou jovens, são figuras desumanas que se inclinam, talvez saciadas, para o Grande Bode Negro. Um rosto mais masculino aparece em *Die Enneïs* (1517): os cabelos da mulher parecem-se aqui com os chifres gigantescos de um carneiro. O seio feminino, clássico motivo plástico erótico, é notável na representação da feiticeira. Raramente ele é cheio entre as jovens, mas delicado e pequeno; e distendido nas velhas: traços anatômicos, no fundo, normais. Mas no primeiro caso o seio aparece sempre em oposição ao ventre; este último murcho, quase sujo.[3] Estamos diante de uma particularidade erótica do sabá.[4] Se considerarmos de novo *As quatro feiticeiras* de A. Dürer e as de Mechelen, perceberemos facilmente que as de Dürer são noviças do sabá. Suas fisionomias traduzem apenas uma aspiração melancólica ao encanto do sabá. Nota-se um ligeiro temor, todavia, na feiticeira da direita. Os seios são menos projetados que os desenhados por Dürer, mas o ventre é muito mais sujo. Isso se deve ao conhecimento pouco profundo da feitiçaria em Dürer. As feiticeiras de Mechelen, ao contrário, são muito menos femininas do ponto de vista anatômico que as transposições pictóricas de um auditor de processo de feitiçaria. Todos os artistas mostram acentuadamente a curva

---

3 Cf. *As quatro feiticeiras* de A. Dürer e de Van Mechelen e aquelas, estranhas, de Hans Baldung.

4 Cf. M. Garçon e J. Vinchon, *O diabo.*

dos rins, assim como a dos músculos da nádega. O sexo é bem mais dissimulado que de ordinário. Há ali muito simplesmente uma tradução visível de um dos traços mais conhecidos dos processos de feitiçaria: o de inversão diabólica. Assim, encontramos em todos os grandes artistas traços comuns a todas as feiticeiras, imagens do conhecimento mais ou menos profundo de sua época. No século XVIII, a pintura da feiticeira assume traços encantadores, até mesmo libertinos, em todo caso cépticos que não conhecem os quadros dos séculos precedentes. O surrealismo retomará o tema da feiticeira, acrescentando-lhe o inexprimível do sonho desperto, do estupefaciente alucinógeno, do insólito realista ou a estilização perfeita do horror cristalizado das feiticeiras de Léonor Fini. Em nenhum desses casos se traduzirá a veracidade histórica de um Goya ou de um Jean Luyken, que nos mostrou (1571) a agonia da feiticeira. Aterradora pintura aquela! Mostra-nos a fogueira flamejante, preparada pelos serventes de obras inferiores, a infeliz amarrada a uma estaca prestes a ser balançada dentro do fogo. O nariz é estreito, contraído pelo medo da morte. Só, a boca aspira vagamente a qualquer coisa. Essa mulher (Anne Heinrichs, de Amsterdam) é realmente a feiticeira, isto é, a mulher, vítima de seus desejos e de suas vadiagens, supliciada...

capítulo II

LITERATURA

Em todas as literaturas, o tema da feitiçaria aflora freqüentemente, mas, por assim dizer, por meio de citações. O romantismo freqüentemente se inspirou nele, porém mais como uma revista de acessórios que lhe tivesse então fornecido um bricabraque de má qualidade. Esmeralda não é mais que uma pretensa feiticeira aos olhos lúcidos de Victor Hugo; seu único sortilégio é sua beleza. Carmem, como já se disse, é apenas uma "velha mágoa de amor disfarçada em uma jovem boêmia" pelo hábil Mérimée, que não atribui, aliás, qualquer importância, senão jornalística, às suas *Feiticeiras espanholas*. Na verdade, feiticeiros ou feiticeiras tiveram dificuldade em encontrar seu historiador literário. A mais antiga feiticeira aparece na *Farsália* de Lucano. Ali se vê Sextus Pompeus consultar a feiticeira Erictho, cujos "passos queimam as sementes com uma espuma fecunda e seu hálito infecta brisas que não eram mortais (...) freqüentemente, nos funerais de um parente, a sinistra tessalense deitava-se sobre membros queridos; dando um beijo ela mutilou a cabeça e descerrou a boca com seus dentes; mordendo a língua colada à garganta seca, fez passar um murmúrio entre seus lábios gelados, e confiou algum segredo sacrílego às sombras do Hades".[1] Essa feiticeira terrível de Lucano é a mesma que reencontramos no pavoroso, alucinante e já surrealista *Smarra* de

[1] Ed. Belles-Lettres, pp. 22-9.

Charles Nodier (1821). Feiticeiros horríveis os de Hoffmann o Prussiano; feiticeiras inquietantes que vagueiam ao redor de forcas ou empurram as mandrágoras de Achim von Arnim. Feiticeiras terríveis de então, tão falsas como a terna feiticeira sonhada por Michelet (*La Sorcière*). Talvez tenha sido Michelet, entretanto, quem, através das cintilações fulgurantes de seu gênio estranho, delineou o retrato completo da feiticeira. Certamente ele a idealizou porque ela era mulher, e também porque, antes de ser historiador, ele era homem e apaixonado. Ela não é mais, para nós, nem a bruxa imunda dos sabás, nem a mulher sofredora dos processos, mas a *Bella Donna,* a Bela Mulher dos contos de fadas de outrora; um tanto como a projeção dos desejos não-revelados do historiador de Joana D'Arc. Estranhos são os feiticeiros normandos, pastores errantes que, a questões precisas, só respondem vagamente: "Quiçá!", em *A enfeitiçada* de Barbey d'Aurevilly, onde aparecem todos os ventos molhados do Contentin e a terrível figura do abade da Croix-Jugan, no fundo o verdadeiro feiticeiro desse grande livro. Não menos enigmático é Jean Chuintain, *O feiticeiro verde* de Jean de La Varende. O romancista de *Pays d'Ouche* soube, nesse pequeno livro, fixar o verdadeiro retrato do feiticeiro contemporâneo, meio charlatão, meio astucioso, mas também cheirando a enxofre e lenha. O fim terrível do homem simples Chuintain deixa o leitor arrasado sob a revelação do drama do feiticeiro; e, poder-se-ia dizer, de toda a feitiçaria que aniquila seus atores impiedosamente.

Literariamente falando, a feiticeira encontrou em nossos dias seu quadro maléfico em *La vie exécrable de Guillemette Babin, Sorcière* [A vida execrável de Guillemette Babin, feiticeira]. (Fayard, 1946), de Maurice Garçon. O célebre advogado do diabo escreveu, nesse livro, a sua obra-prima. Preparado pelo estudo de numerosos processos de feitiçaria e para a sua biografia do diabo, M. Garçon fez-nos relembrar a feiticeira de Poitou, bela feiticeira de antanho, do nascimento à fogueira, passando pela teoria habitual dos sortilégios, encantos, filtros e sabás noturnos.

A Babet de *Picardie* de Pierre MacOrlan é também, sem dúvida, uma feiticeira igualmente bela, mas nos parece menos maléfica. Com certeza porque MacOrlan continua freqüentemente um cético quanto à feitiçaria, porém um amante intenso do estranho. Ele nos dera antes um retrato bem sensual da feiticeira flamenga "Katje la Batelière (. . .) de olhos langorosos, silhueta flexível e falar duro" (*Le Nègre Léonard et M.ᵉ Jean Mullin*). Esse livro contém, aliás, todo o segredo da feitiçaria inteira. Ele é a sua verdadeira explicação, e nossa citação poderia verificar-se em todos os processos de feitiçaria de todos os tempos e de todos os países: "Uma vida interior mais efervescente que a do Príncipe dos Magos arde sob as pálpebras [do homem]; e o mais humilde dos rústicos pode criar para si imagens que lhe dão acesso em nossas cerimônias sacrílegas [é o diabo quem fala]. Pois, em nosso domínio, nada é absoluto. Cada qual vê o sabá segundo sua personalidade. Cada uma de nossas cerimônias não é senão um prolongamento de nossos mais secretos desejos. O que explica essa aparente incoerência, pois que nesse estreito chamuscado pelos pés de nossas feiticeiras convergem um a um, como para o quadro de uma central telefônica, os fios múltiplos que religam seus desejos mais inconfessáveis na ocasião de realizá-los."

CONCLUSÃO

Do século XV ao final do século XVII, alastrou-se por toda a Europa uma série espantosa de surtos de feitiçaria.

À imbecilidade dos juízes juntava-se a crueldade humana. Da miséria nascia a ansiedade. À inquietação juntava-se o medo. O medo exaltava-se no ódio. A revolta nascia da inveja e da cólera. Se a revolta não eclodia em rebeliões camponesas incendiárias e destrutivas, era reabsorvida no receptáculo de todos os pecados: *a feitiçaria.*

Feitiçaria é o que não se compreende ("Há feitiçaria bem no fundo", diz a expressão popular.)

Feitiçaria é o que faz encontrar o tesouro cobiçado.

Feitiçaria é o que faz possuir o amor desejado.

Feitiçaria é o que faz destruir o gado invejado.

Feitiçaria é o que faz perecer o inimigo detestado.

Feiticeiros e feiticeiras são aqueles ou aquelas que proporcionam todo o bem ou todo o mal que se deseja.

Feiticeiros e feiticeiras são aqueles ou aquelas que, para além dos pobres caminhos já batidos, conduzem às vias sombrias de Esperança.

Feiticeiros e feiticeiras são aqueles ou aquelas que, diante de olhos derrubados pela fadiga, fazem faiscar o poder temporal e os gozos ilusórios.

Feiticeiros e feiticeiras são aqueles que se escutam à tarde, quando crescem da terra, arduamente trabalhada, a desesperança e o medo.

Feiticeiros e feiticeiras são os maus conselheiros.

Feiticeiros e feiticeiras são os ciganos, as velhas humildes, as crianças franzinas, os zambros, os estropiados, todos esses que uma estranheza física destina aos golpes ou à curiosidade malsã.

Feiticeiros e feiticeiras, à medida que passam os anos, são o padre maldito, a proxeneta insólita, o pastor errante para além das pastagens em direção aos recantos remotos das vilas.

Feiticeira é a cartomante dos casebres suspeitos das grandes cidades contemporâneas. Feiticeiro é o curandeiro das feiras campestres.

Assim, o povo do diabo — feiticeiros e feiticeiras — vai, através dos tempos, da charneca do grande Bode Negro, passando pelas ruelas do Grande Século, desembocar nos desfiles das festas de feira.

Feiticeiros e feiticeiras — servidores do mal — ergueram-se diante das misérias longínquas e dos invernos negros de angústias dos antigos tempos. Foram julgados. Foram condenados. Tochas urlantes e vivas, corpos semiconsumidos e semiabsolvidos pela Igreja. São esses os infelizes que se queimam através da Europa durante 300 anos.

Nicolas Rémy, Henry Boguet, Pierre de Lancre, grandes juízes do inferno, teriam eles agido com toda a boa fé, em completa serenidade de alma? Ou então residiria o inferno dentro deles próprios? Essas incontáveis fogueiras, erguidas por eles, da fria Lorena ducal à pedregosa e incandescente região de Labourd, eram elas a justificação de sua fé e seu ardor suplicantes, ou então consumiriam elas somente seus próprios reflexos, seus pecados reprimidos e destruídos nos outros?

Feiticeiros e feiticeiras, durante séculos, foram a encarnação viva, sofredora e agonizante da infelicidade.

Feiticeiros e feiticeiras faziam a chuva e o bom tempo.

Feiticeiros e feiticeiras foram os antigos pára-raios das geadas e tempestades. Golpes do céu eram golpes dos feiticeiros; furores dos elementos eram cóleras impotentes dos diabos e de seus servidores, os feiticeiros e feiticeiras. A noite maléfica cercava os homens em seus leitos perturbados.

Ilusões serenas, ilusões benfazejas, ilusões dos sentidos e dos espíritos: ilusões de feiticeiros.

Ilusões de juízes, ilusões de carcereiros, ilusões justiceiras das fogueiras: ilusões de feiticeiros.

Que imensa ilusão é a feitiçaria! Espelho mágico onde se refletem todos os temores, todas as esperanças, todas as cóleras. Espelho que não devolve como reflexo senão uma chama imensa e devoradora.

Que para além dos tempos, para além de nossa própria carne, possa refletir-se a chama da Razão!

Que a Luz triunfe sobre as Trevas. Espelho mágico dos feiticeiros! Quem se inclinar sobre sua superfície, que não possa ver senão sua imagem: a de um Homem e não mais a ilusão de seus sentidos e de seu cérebro.

Feitiçaria não é senão a imagem virtual do Espírito humano em seu delírio.

Que o Espírito seja enfim real! Fogueiras mais que suficientes já aclararam os séculos. Que reine somente a chama da Inteligência.

Razão, tua vitória não descansará jamais, senão sobre a fogueira das miragens e dos fantasmas do Espírito, infâncias da Inteligência...

BIBLIOGRAFIA RESUMIDA

Além dos livros antigos de SPRENGER, DEL RIO, H. BOGUET, N. RÈMY DE LANCRE, J. WIER, podemos remeter às obras e artigos mais recentes abaixo:

Francis BAVOUX

(1954) *La Sorcellerie au pays de Quingey.* Ed. du Rocher.

(1956) *Hantises et Diableries dans la terre abbatiale de Luxeuil.* Ed. du Rocher.

Th. DE CAUZONS

(s.d.) *La Magie et la Sorcellerie en France.* 4 vols., Dorbon.

E. DELCAMBRE

(1949-52) *Le Concept de Sorcellerie dans le Duché de Lorraine au XVIe siècle et au XVIIe siècle.* 3 vols., Nancy.

E. DELCAMBRE e J. LHERMITTE

(1956) *Elisabeth de Ranfaing...* Nancy.

M. GARÇON

[s./d.] *Les Procès de Sorcellerie.* Mercure de France.

[s./d.] *Le Symbolisme du Sabbat.* Mercure de France.

M. GARÇON e J. VINCHON

(1926) *Le Diable.* Paris, N.R.F.

GRILLOT DE GIVRY

(1929) *Le Musée des Sorciers, mages et alchimistes.* Paris.

J. LABORDE, Abade

(1937) *Les Brouches (sorcières) en Béarn, Gascogne et pays basque.* Pau.

J. LHERMITTE

(1956) *Vrais et faux possédés,* Fayard.

Margaret MURRAY
(1957) *Le Dieu des Sorcières.* Trad. francesa, Denoël.

Jules MICHELET
(1862) *La Sorcière.* (Ed. portuguesa: *Sobre as feiticeiras.* Lisboa, Afrodite, 1974.)

Jean PALOU
(1957) "Misère et Sorcellerie", *Revue de la Tour Saint-Jacques.*
(1954) "L'Anatomie de la Sorcière dans la peinture occidentale", Æsculape.
(no prelo) *Le Diable en Normandie.*

SATAN
(1948) *Etudes Carmélitaines.*

P. VILLETTE
(1956) *La Sorcellerie dans le Nord de la France du XVe siècle au XVIIe siècle.* Ed. Sciences Religieuses, Lille, e ver J. PALOU, resenha crítica em *Revue de la Tour Saint-Jacques,* 1957.